幕末の動乱

松本清張

河出書房新社

幕末の動乱

◉

目次

徳川関連系図

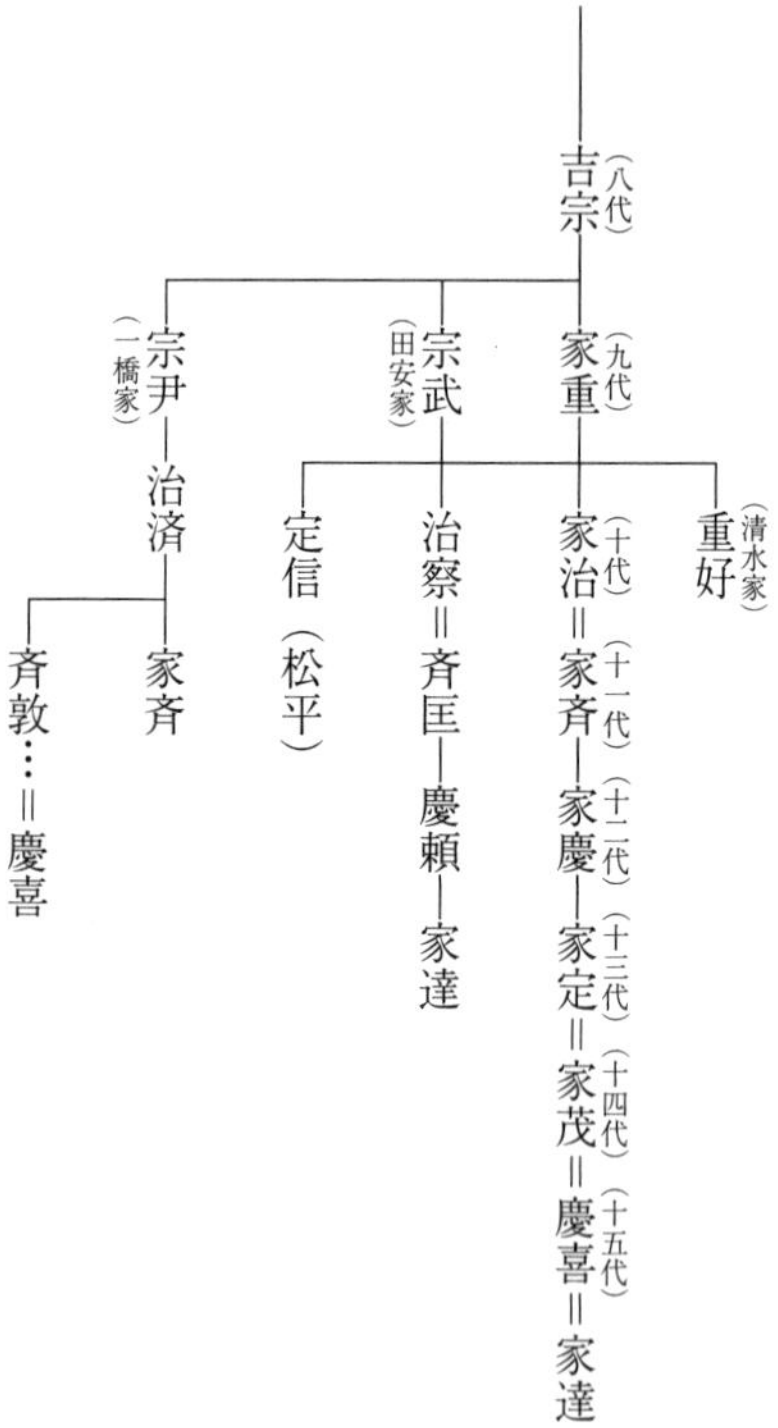
吉宗（八代）
家重（九代）
宗武（田安家）
宗尹（一橋家）
重好（清水家）
家治（十代）
治察
定信（松平）
治済
家斉（十一代）
斉匡
慶頼
家達
家慶（十二代）
家定（十三代）
家茂（十四代）
慶喜（十五代）
家達
家斉
斉敦
慶喜

幕末の動乱

装幀——市川衣梨

1 「改革」の反動性

江戸時代もいよいよ後期にはいって、十代将軍徳川家治《いえはる》のときになると、田沼意次《たぬまおきつぐ》(享保四〔一七一九〕年―天明八〔一七八八〕年)が老中になって、田沼時代という一時期を画するほどの怪腕をふるう。そのために、田沼意次といえば、これまでまず最も悪評高い政治家の一人だ。まるで汚職政治家の代表格としてサンザンに書かれるのがふつうである。彼の一時代まえに八代将軍吉宗というういわゆる「中興の英主」がいたから、比較されていっそう損している。吉宗がたてなおした幕府の屋台骨を田沼が野放図なワイロ政治で無茶苦茶にしたように言われている。

はたして吉宗は無条件に「英主」であり、通説どおり田沼は奸物だったろうか。たしかに彼らがその時代にある程度の影響をあたえただろうことは否定できないが、歴史というものは、一個人――たとえ、それがいかに非凡であっても、独裁者といわれても――の自分勝手な思いつきや行動で決定されるものではないのだ。おのずから比重はあるだろうが――。

いま通説にしたがって、吉宗を偉大な才能と認めてもよい。が、彼が登場したから歴史の流れが急角度に転回しただろうか。ある程度、そう思われる現象はあらわれただろうが、それはあくまで現象だ。歴史の本質的な流れを食いとめたり外《そ》らせたりすることはできなかった。

歴史の巨大な流れの中では、吉宗の享保の改革は、新井白石時代の継承発展であり、田沼時代は吉宗時代の、やはり発展であった。では、その歴史の巨大な流れ、いわばそれを作る水の一滴一滴はなんだろうか。これから、私はそれを明らかにしてゆこうとおもう。

それはそれとして、田沼意次に話をもどそう。ひと口に言って、田沼はよくやったと、褒められてもいい。皮肉ではない。彼は現実主義の近代的な政治家で、どうしてどうして、たいした異才だった。まず、これから証明しなければなるまい。そのために、すこしさかのぼって吉宗時代を簡単に見てみよう。


荻生徂徠《おぎゆうそらい》(寛文六〔一六六六〕年——享保十三〔一七二八〕年)が彼の死の前年に幕府に提出した『政談』という書がある。彼の学問的立場から幕府政治を論じて制度の立直しの必要を述べたもので、その中につぎのような一節がある。

「昔は在々に殊のほか銭払底にて、一切の物を銭にて買はず、皆米麦にて買ひたること某《それがし》田舎にて覚えたることとなり。近来の様子を聞き合するに、元禄の頃より田舎へも銭行渡りて、銭にて物を買ふ」

これから見ても、元禄のころから、農村でもだんだんお金《かね》が流通しはじめている様子がわかる。では、農村で貨幣が流通するということは、どういう意味をもつものだろうか。

ごぞんじのように、封建社会では農業がおもな産業であり、農村経済は自給自足がたてまえである。どうしても自分のところで作れないもの、たとえば塩のようなものは、米なり麦なりで買うことになる。ところが、しだいに農業技術が進歩してくると、年貢の余りや時間の余裕もできてくる。もちろん、領主は血まなこになって百姓の手もとに一粒の米も残らないようにしぼり取ろうとする。

「おまえたちはアワかヒエでも食っていればたくさんだ」

というわけだが、百姓もご無理ごもっともと言いなりになってばかりはいない。人間は成長するのだ。そのうち、農産物や副業的な手工業品がはじめから商品にする目的で作られはじめるようになる。それを町に売りに行ったり、商人が買いにきたりするようになると、とうぜん農村にもお金の流通がさかんになる。こうして商品経済、貨幣の流通がさかんになってくると、かならず資本がうまれてくる。農村にも商業資本や高利貸資本がはいってきて、農民の生活はいやおうなしに変わってくる。徳川中期以後は、酒屋とか油屋、醤油屋、藍玉屋、紺屋、麹屋、よろず屋などの商工業を兼業する地主が目立って多くなってくる。この商工業で資本をためこんだものや、都市の資本家が新田を開発したり、貧農に金を貸して土地を質にとったりして、さらにふくらんでゆく。

すでに八代将軍吉宗のころには、こうした様子がはっきり見られる。この状態は江戸幕府後期になればなるほど進んでゆく。中期以後なんども「改革」がおこなわれたが、その根本課題の一つは、どうして資本の農村侵入を防ぎ、年貢米をつくる農民を昔ながらの自給自足経済のなかに閉じこめておくか――この幕府の焦り、成長する資本との格闘が「改革」と呼ばれる形であらわれるのだ。

だから「改革」という言葉に迷わされてはならない。いつの「改革」もその根本精神は、幕府の存立を維持し、武士階級の生活を擁護するためということにあった。歴史の必然として殻をやぶって自然にもりあがってくる人民のためをおもって彼らの生活をすこしでもよくしてやろうという改革ではない。それどころか、日本全人口のたった一割そこそこの武士階級の利益をまもるためにあとの九割に犠牲をしいる改革だから、大迷惑をこうむるのはそれらの農工商にしたがって生きている庶民だった。しかも、農民は全人口の八割以上いたのだから、改革の被害者はだれかすぐにわかるだろう。改革という名はいいが、その精神は社会的発展を押しとどめようとする反動であり、したがって、あらわれた政策はつねにほとんど弾圧である。

八代将軍吉宗の「享保の改革」はどうであったろうか。

まえにも言ったように、封建制度の基盤は土地経済だ。農民を自給自足の原始的な生活のなかに閉じこめておいて、わずかに彼らを生きすぎぬように殺さぬようにして、余分が出たらそっくり召上げる経済組織だ。『本佐録』につぎの言葉がある。

「百姓は天下の根本也。是を治むるに法あり。先づ一人一人の田地の境目をよく立て、さて一年の入用作食をつもらせ、其余を年貢に収むべし。百姓は財の余らぬやうに、不足なきやうに、治むること道なり。毎年立毛《たちげ》の上を以て納むること、古の聖人の法なり」

とんでもない聖人の法だが、これが江戸幕府二百七十年かわらぬ農民支配の方針だったわけだ。しかも「不足なきやうに」という文句はつねに忘れられて、のちに吉宗の勘定奉行になった神尾春央《はるひで》の放言したように「胡麻の油と百姓は絞れば絞るほど出るものなり」という根性だから救われないのは百姓だ。

将軍や大名を頂点とする武士社会が、土地を独り占めし、そこに農奴としての百姓をしばりつけて苛斂誅求をほしいままにし、すこしでも反抗すれば容赦なく酷刑をもってのぞみ、士農工商穢多非人という厳重な身分制度を勝手にさだめ、武士が政権をにぎって社会の秩序維持にあたったのが、江戸時代だった。

この土地経済のうえで、あぐらをかいていた武士階級が、土地経済をくずしてしまう商品経済の発達することを恐れるのは当然だ。武士は政権も武力も、あらゆる権力を握ってはいたが、ただ一つつかみそこなったのが、歴史の流れの正しい方向であり、金だった。すっかり都市生活者になり、消費階級になった武士は、貨幣経済が発展し、町人社会が発達してくると、ついには、こちらから彼らに泣きつかなければならない状態になってくる。

ここで一つ、当時の社会において、土地経済（米）と貨幣経済の二本立てが生んだ特殊な商人「札差《ふださし》」の話をしよう。土地経済と貨幣経済の複雑な構成が武士階級の窮乏にどのように影響したかを理解するのに便利だとおもうからだ。

武士のふところ具合が苦しくなったのは、将軍お膝元の旗本・御家人といえども例外ではなかった。それどころか、巨大な消費都市江戸に生活しているだけに、深刻になるスピードもいっそう早かった。知行取はその知行地の年貢をあげたりして、まだやりくり算段もいくらかつくが、きまった俸禄しかない蔵米取となると、そんな伸縮自在の手はうてない。そこで、蔵米取の頼みの綱は「札差」だけということになる。蔵米取は浅草にあった幕府の米蔵からきまった時期に禄米をもらうのだが、その米蔵のまえに発生したのが「札差」という商人で、彼らが旗本の金融をやってくれたわけだ。

旗本・御家人は蔵米を原則として春夏冬の三季にわけて受けとることになっていた。春と夏とに各四分の一ずつ（これを借米という）冬に残りの二分の一（これを切米という）もらった。役料は春夏冬に各三分の一ずつ渡された。春は陰暦二月、夏は五月、冬は十月の定めである。

しかし、御蔵米が不足しがちだったので、ときには一部を米、一部を金で渡すこともあった（ひどい時には欠配した）。こんなとき米の値段がきまっていないと困るから、米の値段を御城の中の口に張り出した。これが「御張紙直段《おはりがみねだん》」といわれるもので、はじめのうちは、この御張紙直段が米の時の相場になった。それだけの権威があったわけだが、元禄ごろになると、諸国の大名たちの米が大量に集まる大坂の堂島の相場のほうが有力になって、こちらの方が御張紙直段を決定するようになった。この事実は、貨幣経済が発展してきて、需要供給による市場価格が物価の決定に有力になったことをはっきり示しているのだ。

さて、蔵米を受けとるについては、旗本・御家人自身で出向くか家来をやるかしなければならないが、何俵も何十俵もはこぶのはたいへんだし、それを置いておく場所も考えねばならない。この手数をはぶいて、彼らの代理としてこれを受けとって、売って金にかえてくれるのが札差という町人である。それがだんだん旗本や御家人の来年も再来年もの禄米を担保にとって金を貸すようになった。札差は札差料百俵（三五石）について金一分、販売手数料である売側《うりかわ》百俵について金二分をとったが、札差がほとんど軒並み富有になって「蔵前風」といわれるほどの豪奢ができるようになったのは、ただ代理人としてのわずかな手数料収入からではない。彼らが禄米を担保にとって、武家相手に高利貸をして大儲けをしていたからだ。札差の発展はめざましかったから、吉宗は享保九（一七二四）年七月に浅草蔵前の札差を百九人に制限している。これは「享保の改革」の一環で、町人資本への統制の一例である。

とにかく、武士が江戸や城下町などの都市に住んで、禄米を金にかえて生活しなければならなくなったとき、すでに彼らの運命はきまったといえる。米相場の上げ下げは町人の手中にある。米の値段は百俵について特に高いときは六七十両にハネあがったり、低いときは二三十両にまでガタ落ちしたりしたが、武士はいつも米の値段の安いときに手放さねばならないように、うまく米商人どもにシテやられた。武士が困ってくると、彼らは年貢の税率をあげて、農民からますます搾りとろうとする。また一方では、貨幣経済の農村への浸透が農民層を分解させて、少数の富農ができるかわり、たくさんの貧しい農民がうまれる。はさみ討ちにあった貧農は死物狂いになって反抗する。享保ころから、百姓一揆は目立ってふえてくる。しかも江戸時代前期の一揆とちがって、政治的にもたいへん進歩しているのだが、これは別項でくわしく書きたい。

徳川家康が用意周到に組立てた幕藩体制も内部に成長してきた経済的矛盾のためにぐらつきはじめてきた。家康の創業からわずかに百年だ。歴史は人間がつくるものだが、たとえ一人の偉大な才能があらわれても、その個人の知恵ではどうにもならない歴史の巨大な力と流れの早さというものを、あらためて感じさせるではないか。この危機を打開するために、紀伊家から迎えられたのが八代将軍吉宗だ。

武士道とは御扶持《ごふち》と見つけたり

譜代大名や旗本の与望をになって登場した吉宗が当面した政治的課題は、元禄以来の贅沢癖と新井白石の文飾主義の風をすっぱり止めて、まず幕府の財政をたてなおし、首のまわらなくなってきた旗本・御家人を救ってやり、側近政治を廃して武断的な親政体制によって幕府の権威を回復することだった。これが通説になっているようだ。それにしたがうと、吉宗の施政のスローガンは「諸事権現様御掟《ごんげんさまおんおきて》の通」ということ、すなわち家康時代への復古が、その観念的理想だったわけだ。そこで、まず勤倹尚武、風俗矯正が耳が痛くなるほど謳《うた》いつづけられ、朱子学的道徳が強調された。朱子学は簡単にいえば、宋学の集大成である朱熹《しゅき》（一一三〇――一二〇〇）の学説。直接に孔孟の精神を究めようとした道徳の学（道学）である。精神主義的な面が強調され、社会秩序は自己統制によって保たれるとするところに一つの特色がある。これは封建体制下において、執政者の側からはきわめて便利な学説だった。

元禄以来贅沢になれた幕府の奥女中や江戸の町人たち、また武士たちさえも、息がつまりそうになって、吉宗のことを「野暮《やぼ》将軍」などと陰口をきいたものだ。町人たちが落首などで政治向きの批判をすることは早くから見られることだが、これまで武士が、とくに幕臣が、政治を批判したり将軍の陰口をいったりすることは考えられもしなかったことだ。それが、この時代になると、ほとんど公然と、江戸城中においてさえ、口にされはじめている。これは武士意識の変化として見のがせない現象だ。いまさらのように朱子学的道徳が強調されなければならなかった理由はここにもある。

すでに武士の道徳意識――武士道は、その内容が変質しつつあったと見なければならないだろう。その内容は「忠誠」の観念だったにちがいないが、忠誠の観念内容が、それまでは奴隷制的支配関係を無批判に受けいれる全生活だったのだが、しだいに、双務契約的関係――ひらたく言えば、なんとなく計算ずくで律する面があらわれてきたところに大きな変化がみられる。武士道というものは、けっして経済生活からはなれて発生し、また存在したものではないのである。「武士道とは死ぬこととみつけたり」という『葉隠』の教えも、享保初年までに成立したもので、没我的な主従関係を「文化的」になりすぎた武士から想い出させようとした一つのヒステリックな繰り言にすぎない。ちなみに『葉隠』がもてはやされはじめたのは、明治中期以後、国粋主義の風潮がたかまってからだ。それまでは佐賀藩以外では、だれも知らなかったことだ。

それはさておいて、新井白石時代の正徳と吉宗将軍の享保とでは、まったく対蹠的に政治的転換がおこなわれたかというと、学者によって観方がちがっているようだ。辻達也氏によると、享保において官僚制の成長、制度の整備（町火消の制度、養生所の設立など）、法典の制定（公事《くじ》方御定書《かたおさだめがき》）、刑罰の緩和（拷問も禁止した）などが行われたことは、むしろ正徳の文治主義（儒教道徳にもとづいて上からの仁政をおこなうことに重点をおいた。政治制度を整えることや飾ることに力がそそがれ、儀式典礼は京都風をまねてととのえられたが、朝鮮来聘使の待遇変更にもみられるように将軍を君主として主唱した）の進展したものとして説かれている。だから吉宗時代にいたって、百八十度の政策転換がおこなわれたのではないという見方だ。

さきに書いたように、吉宗は側近政治に反対する譜代層のホープとして将軍に迎えられたが、吉宗は親政体制が確立し、権威が揺るがぬものと自他ともに認めるようになると、自分が紀伊からつれてきた新参の家人や家格の低い層からも人材を登用した。とくに勘定方役人が吉宗の独裁政治の支柱になった。いまなら、さしあたり大蔵官僚だが、吉宗の重要施策はすべてこの官僚たちの立案だといってもいい。側近政治を廃した吉宗だが、ここに新しい側近がうまれたわけである。

享保の改革はまず吉宗の独裁体制の確立ということからはじまった。独裁体制をつくるには、かならず、一見、見栄えのする経済安定がなければならぬ。しかし、吉宗には貿易も植民地もない。資本の産まれるところは一つしかない。農民的商品経済の発展にたいして、彼らを昔のままの自給自足の生活に押しこめ、年貢をしぼりとることが徹底的におこなわれた。これしかない！　その増徴したもので財政再建をもくろんだ。これが改革前半期の中心的な施策だ。ところが、後半期になると、いくら抑圧しても自然のいきおいで農民的商品経済は発展して、もう抑えきれなくなる。そこで、はじめには抑えつけた商業資本に自分の方から頼る政策にかわってくる。早く言えば、それが田沼時代へ受けつがれたわけなのである。

ここで一言しておきたいのは、幕府でも諸藩でも、いまのように予算を立てて支出をまかなったのではないということだ。衆参院の予算委員会などというウルサイ制度がなかったのは、ある意味で幸せだった。前年の年貢米を金にかえて、それで次の年貢米がはいるまでやってゆく。だから、財政は年々膨張して、もともと不足がちのところへ、天災とか将軍や藩主の冠婚葬祭など思いがけない失費が重なると、たちまち破産状態だ。それでなくても、年々出費は増える一方である。いちど生活がひろがったら、もとのように縮まらないのは、現在のわれわれだって、幕府の金庫だって同じことだ。そのために、年貢は取れるだけ取りこんでおこうとするから、たまらないのは百姓である。

なんといっても、吉宗がいちばん力をいれたのは財政のたてなおしだった。当時、いかに幕府の財政が苦しかったかは、つぎの一文によっても想像がつくだろう。

「……府庫の金銀を点検せらるゝに、台徳院殿《たいとくいんでん》（五代将軍綱吉）の御時に作られし宝貨（金四十四貫七百目、銀四十六貫目をもってつくった分銅《ふんどう》で、儒臣林道春信勝が戦費のためにとっておくものだから、ふつうの時につかってはならぬとわざわざ戒めていた）も、前代に用ひ尽して見えず、よりて京、大坂城中のたくはへをも、たづねらるゝに、悉く《ことごと》空虚なりと聞えしかば、これより弥《いよいよ》御みづから節倹を旨とせられ、普く《あまね》省減の令を施し給へども、同じ七年に至り、御家人に賜はるべき俸禄さへたらず。盛慮をなやまし給へる御有様は、御側に侍る《はべ》人々も、胸痛く思ひ奉る程の御事なりしとかや」（『有徳院殿御実紀附録』）。

しかし、旗本や御家人の俸禄が遅配欠配になったのは、なにも享保七（一七二二）年がはじめてではない。享保四（一七一九）年にだされた「相対済し令《あいたいすまし》」は、高利貸などから金を借りてコゲつかしたりして、訴えられる旗本・御家人が多かったので、彼らを救うために、金銭貸借問題は幕府に訴えてきてもいっさい受けつけない、自分たち同士で話しあいのうえで片づけろ、幕府はタッチしないという法令だ。徳政みたいなもので、借金棒引き、いや踏み倒し令だ。

旗本・御家人が、高利貸に苦しめられる原因は、幕府の俸禄支給の遅配が大きな原因でもある。そこで、こんな法令を出したのだ。一面これは商業資本にたいする圧迫政策だが、一時的には旗本・御家人に息をつかしてくれても、根本的な救済策とはならない。かえって、古い借金はかたづいたが、明日からの金融の道をふさがれてしまうという逆効果をうんで、町人よりも武士の方が困ることになった。どうも具合がわるいというので、この法令は享保十四（一七二九）年には廃され、また訴訟を受けつけることになった。

享保五（一七二〇）年六年とつづいて全国的に大不作におそわれた。幕府の収入源である天領も被害をうけて、年貢の上納はぐんと減った。たまたま大井川などの大改修工事をやっていたりして、経費がうんとかかって、やりくりは苦しい。そのうえ、江戸には大火がつづく。前にも書いた予算のない財政だ。お蔵の中からは片道切符で出てゆく一方だ。泣きツラに蜂で、金はいくらあってもたりない。とうとう、旗本・御家人に切米や扶持米がわたせなくなりそうだ。このままだと、御家人数百人を整理しなければならないかもしれぬという状況になってしまった。ひところ流行した自転車操業のナニナニ経済会に危機が訪れたのとちょっと似ている。そこで、吉宗が「御恥辱を不レ被レ顧、被二仰出一候」ところのものが「上米《あげまい》の制」だった。

この「上米の制」は享保七（一七二二）年に出された。諸大名にたいし、禄高一万石について米百石ずつ幕府に納めさせる。そのかわり、参観交代の制度を緩和して、江戸在府期間一年という家康以来の定めを半年にちぢめた。参観交代制は統一政権としての幕府の権威を示す重要な政策だから、財政危機がいくらか切りぬけられたと判断されたあと、すなわち享保十五

（一七三〇）年には、またもとどおりに戻された。

享保八（一七二三）年には有名な「足高《あしだか》の制」を実施している。これは幕府の役職について、自分の原禄のほかに、その役職の禄高が多いと、在職中はもちろんだが、その役職をやめたあとも、高い在職中の禄をもらっているのが例だったから、幕府の経費は膨張する一方だった。こんな不合理な制度にいまさら気がついたのは鷹揚なものだが、これを改めて、役職にたいして最低の禄高をきめ、在職中だけ原禄の上に役料を加給するが、役職をしりぞいたら、もとの原禄だけにすることにきめたものだ。いわば一種の職務俸の制というべきだが、この制度は人材登用に効果的だといえる。

質素倹約だけでは、出るものを押えることはできても、入るものが増えてくれはしない。財源を確保し増徴をはかるために、貢租率は四公六民から五公五民と引上げられ、割当て方法もこれまでの検見取《けみとり》（毎年のじっさいの収穫によって租率をきめる方法）をやめて、定免法《じょうめんほう》（過去何年かの収穫を平均して、それによって五年なり十年なりの租率を一定しておく法。これだと豊年のときはいいが、凶作のときは農民は困る）にあらためて、収入の安定をはかった。同時に新田の開発を奨励して、そこからも新しく年貢を取りたてることによって収入の増加もはかった。

大岡越前守、不粋な立法

有名な大岡忠相《ただすけ》が江戸町奉行に登用されたのは、享保二（一七一七）年のことだ。もっとも、大岡越前守はれいの大岡さばきで講談や芝居になっている人物とは大いにちがう。その話は、あるものは北町奉行の手柄であり、あるものはイソップ物語（これは十六世紀末には天草の耶蘇会の学校《コレジオ》で翻訳されている。キリシタン弾圧がきびしくなってからも、『伊曾保物語』の名で愛好された）から、あるものは中国の物語からの翻案だ。しかし、大岡忠相は吉宗のメガネにかなった、どちらかといえば、秋霜烈日型の能吏だったようだ。

こんな話がある。忠相がまだ伊勢山田の奉行だったときのことだ。山田と松坂の農民が土地の境界のことで争っていて、奉行に訴え出ていたが、何年も何年もラチがあかなかった。もともと、非は松坂側にあったのだが、松坂は御三家の一、紀伊家の領地だ。だから代々の奉行は紀伊家をはばかって、「松坂側に非がある」と、はっきり裁定を下し得なかったのである。だから、松坂側はいよいよ図にのって境界を犯す。山田側の農民は新しい奉行がくるごとに訴えるのだが、どうにもならないままだ。そこへ大岡忠相が着任した。山田側の農民はまた訴え出た。双方の言い分をきき、事情を調べた大岡忠相は、紀伊家を無視して、はっきり松坂側の非と裁定した。そして、主謀者を死罪にしてしまったのだ。

八代将軍吉宗は紀伊家の出である。この話を聞いた吉宗は、「なかなか骨のある男だ」と見込んで、江戸町奉行に登用したという話がのこっている。

彼は享保二（一七一七）年二月から元文元（一七三六）年八月まで二十年間もの長きにわたって、町奉行をつとめた。のちに寺社奉行になり、一万石の大名にまで出世した。そのくせ、じっさいの事跡がつたわっていないのは、彼がたいへん地味な官僚だったからだろう。また、清廉な役人だった証拠でもある。二十年もヘマもやらず、ボロも出さず、一つ仕事をつづけるのは相当な努力家にちがいない。彼の治績は大いに見るべきものがあったにはちがいあるまいが、江戸市民を瞠目させたのは、彼がふつうの役人とちがって、袖の下もほしがらず、黙々と職責を遂行したからではなかろうか。たったそれだけの当然のことが、当時の役人としては珍しかったので、いつの間にか、出所不明の作り話まで出てきて、箔のうえに箔がついたものと思われる。

吉宗は上米の制を定めた同じ享保七（一七二二）年の十二月に、歌舞伎・浄瑠璃の心中物を禁止し、出版物は届出制を定め、新作雑説流言読売を禁止したが、その二、三カ月後には追っかけるようにして、心中の罰則を定め、これに関する読物の出版や芝居の上演を禁じている。吉宗は享保の改革において、風紀取締りを厳格にしたが、これら一連のことも、もちろん、その主旨から出たものだ。

おもしろいのは、この情死心中の罰則で、これは吉宗の命で町奉行大岡越前守忠相がつくったのである。このことについて、岡本綺堂『江戸に就ての話』（岸井良衛編）から興味のある話を紹介しておこう。

いつの時代でも、心中というものには、一種のロマンチックな憧れの要素があるらしい。江戸中期までにも、たくさんあったことは西鶴や近松の作品の例をあげるまでもなかろう。しかし、不思議なことに、心中に対する法律的な制裁はなかった。そのたびに適当に処分していたものだ。

心中事件をおこすような輩《やから》を、そのままにしておくのは風教上よろしくない。だいいち、心中という語感がおもしろくない。なんとなくロマンチックで、つい憧れるらしい。そう考えた吉宗は、「これからは心中という言葉はやめて、相対死《あいたいじに》と呼ぶことにいたせ」とはなはだ即物的呼び方をすることにきめてしまった。断乎として甘くないところを見せたのだが、心中でも相対死でも、どう呼ばれようと、遮二無二ふたりで死にたくなった人間をとめることはできない。

大岡忠相は心中を「町家の心中」と「廓の心中」に分けている。いずれも死骸は取捨てというきまりだ。「犬や鳥の餌にしてしまうぞ」というおどかしだ。もっとも、当時の人は、その信仰心から、そうなっては浮かばれないと、大いに気にしたことだろう。表向きは取捨てだが、じっさいには身内のものが引取りにくることが多かったらしい。人情としてはそうだったろう。しかし、心中者は葬式を出すことはならなかった。

心中した当人たちは至極満足だろうが、あとに迷惑がのこることおびただしい。そこで、心中とわかっていても、その証拠となる品物が残っていないときは、「相対死らしくございますが、遺書もございませんことですし……」とかなんとか口実をもうけて、ふつうは「変死」として取扱ってもらった。もっとも、そのためには、検視の与力に袖の下をうんと使わねばならなかった。心中がふつうの変死ときまると、検視の費用その他一切が村や町内の負担になる。いずれにしても迷惑な話だった。

吉原で心中したばあい、たとえ変死という名目になっても、これは遺族の迷惑になった。変死といっても、まず男が女を先きに殺して、そのあと自殺したというぐあいに当然見なされるから、相手によっては、女の抱主から遺族に損害賠償を請求される。男が勘当か義絶されていれば、遺族も問題なかった。しかし、勘当とか義絶といっても、そのことがちゃんと「久離帳」に載っていなければ認められなかった。人別帳からはずされて、そのかわり久離帳にのれば、これは「無宿」だ。

では、勘当とか久離とかの意味について述べておこう。当時家長の権力はほとんど絶対的なものだったから、子が不行跡でなんど意見してもきかないときは、親子の縁を切って追い出すことができた。これが勘当である。これに似たものが久離（旧離とも書く）である。ふつう「久離を切る」というふうに使う。これは刑法上の連帯責任をまぬがれるために、欠落人などとの縁を切っておくものだ。「欠落人」というのは、年貢など納めきれなくて、家も田畑もすてて他郷へ逃げだした百姓のこと。これに対する処罰は各藩とも極めて苛酷で、なかでも金沢藩などは、これを匿《かくま》ったものも死罪。岡崎藩では、百姓が欠落すれば、残り百姓全部の妻子を牢に入れ、期限つきで是が非でも探してかえさせるといった法令を出している。年貢諸役を負担し、耕地を維持経営する百姓を確保するためにいかに汲々としていたかがわかる。欠落人をつかまえたときの褒美はどの藩でも規定しているし、欠落人防止に五人組制度を利用して、たがいに監視あるいは密告させたのも諸藩みな同じだ。とにかく、当時の連帯責任制というか、子の不行跡のために一家じゅうが死罪にされるようなことだって起こることがあるのだから、まったく家長は油断も隙もならなかったのだ。ヘンな息子でも持ったら早いところ縁を切っておかないと危くて仕方がない。久離は目上の親族が目下の親族に対しておこなうものだ。だから、家にいるものを追い出すのが勘当、すでに家出したものとの縁を切るのが久離と、厳密にいえば分けられる。どっちも、なにか仕でかされたら連帯責任をおわされて命にかかわる大迷惑をこうむるかもしれないから、こうした一種の予防措置をとったものだ。勘当も久離も「あいつは勘当してあったのだ」などと当世のように独り合点では通用しない。村なら村役人に届出て、ちゃんと勘当帳か久離帳に登録しなければならない。

そういうわけで、吉原での心中が変死と認められても、ちゃんと久離帳に登録されていないといけなかった。

久離帳はともかく、どうしても吉原の女と心中したかったら、「相対死に相違ございません」という証明を自分で残しておかないと、あとの人に迷惑がかかる。そこで、親兄弟にあてたお詫びの一言でも二言でもいい、なにか遺書さえあれば、ぜったい心中と認められた。そのかわり、これがないと、どんなに心中の事実がはっきりしていても、心中とは認めてもらえなかった。

しかし、心中というやつは必ず成功するとはかぎらない。心中のやりそこないはどうなるだろうか。男が死んで、女が生き残ったばあい、女は非人にされる。その反対に、女が死んで、男が生き残ったときは、男は「下手人」ということになる。どうも男にワリが悪い。片手落ちだと言いたくなるだろうが、ここは大岡越前守も相当考えての処置らしい。「死にましょう」「殺してください」などとどちらが先きに言ったの、言わなかったのは、問題ではない。心中と決心がつけば、だいたい男がさきに女を殺してから、そのあとで男がのどでも掻き切るものだ、それが生き残っているのだから男の方は人殺し、下手人だという論法らしい。もっとも「相対死の片相手は死罪」ときまっていたが、女が生きのこったときだけは「手心ある可きこと」が適用されたのだという。強いて言えば、ここらが大岡忠相のいいところ、あるいは苦心のあとと言うところか。

つぎは主従で心中したばあいだが、主人側が生き残ったときは、男女を問わず非人にされた。反対に家来側が生き残ったときには男女を問わず下手人にされる。これは階級身分制度のやかましい時代だから、家来側に分《ぶ》がわるい。また、主従ともに生き残ったばあいは、日本橋に三日間さらされたうえ、両方とも非人にされることになっていた。

非人にされたものは、非人の群にはいって、非人小屋で寝起きしなければならないことになるはずだが、そこには、また便法があった。非人になれば、非人頭の車善七の支配下にはいるのだが、親類縁者が一足さきに「足洗い金」というのを善七に出して、途中から引取った。非人は穢多とちがって、金で「足洗い」ということができた。すなわち、一度非人におちても、金でもとの身分にかえれたのである。心中があると車善七の実入りはめっきりいいわけだ。足洗い金がはいるほかに、心中のあった部屋の「不浄品」を非人にわたすかわりに金で買いもどす形式にして、はじめから金を車善七の方にわたす習慣もあったからだ。そのほか死体の処置などについて、いろいろ面白い話があるが、それは本筋から外れるので、このへんで一応、心中の話はやめておこう。

さて、吉宗は、目安箱を設けて一般士民の声をきいたり、実学を奨励し、洋書の禁をゆるめ、青木昆陽にオランダ語を学ばせ、また甘藷《かんしょ》、甘蔗《さとうきび》、薬草の栽培を奨励したりしたことは、彼の善政として広く知られている。

だが、はたして善政とか仁政とか呼ばれるものはそんなものだろうか。じつは吉宗の施策のすべては「幕府の権力維持のため」という根本精神につらぬかれていたことを忘れてはいけない。彼が徹頭徹尾心をくだいたのは幕府の財政たてなおしであった。そのためには財源である農村に農民をしばりつけて生産物地代（年貢）の原則を維持することだった。それしか知らなかったのである。

ここで農村に目を転じてみよう。

2　農民蜂起の実態

享保の改革がいかに「善政」だったと主張するひとでも、この時代からにわかにふえてきた百姓一揆から目をそらすことはできまい。

十八世紀にはいると、農民階級の政治的成長は目覚ましいものがある。それを具体的にしめすものは、百姓一揆における農民の要求の内容の変化であり、その闘争方法の進歩である。その例を二三あげてみよう。

享保五（一七二〇）年十月二十五日に会津地方の幕府預所におこった「会津御《お》蔵入《くらいり》騒動」というのがある。このとき農民は十三カ条の要求を提出している。それには、この地方の不利な自然的条件がいかに農民にとって困難なものであるかということから説きすすめ、年貢の延納を認めてほしい、年々引上げられる租率を慶長金通用当時の租率にまで下げてほしい。臨時の税や郷頭《ごうかしら》（大庄屋にあたる。代官または郡奉行と村役人の中間にあり、その職分は代官からつたえられた法令などを名主・庄屋に取次ぐ。管内の百姓の訴訟を吟味解決し、手にあまるものは代官に申達するなどが主なもの）が勝手にかけてくる課役の廃止、いまの代官になってからかけられた新税の廃止、飯米給与の減量や代価引上げや郷頭の中間搾取の廃止、貢米の江戸回漕の停止（このためには百姓にたいへんな費用と労力がかかる）、まだ収穫もロクにない新田を貢租地に編入して高い年貢をかけることの中止などを要求した。さらに、去年幕府からの命令で年貢の金納をまた米の現物納にかえられたが、このように百姓の死活にかかわる重大事を百姓には一言の相談もなく郷頭だけで承諾書を出したそうだが、もってのほかだ。そんなことを命ぜられては、だれも耕作などしなくなるぞとおどかしている。いろいろ郷頭の不正を洗いたててから、最後にだいたい郷頭などというものは百姓のためには無用だから、そんなものはやめてしまって、万事直接に名主や百姓に命令してほしい。そうしたら費用もはぶけることだし、それだけ代わりに上納してもいいと言っている。十三カ条のうち七カ条は郷頭の不正と圧迫にたいする弾劾だ。これにたいして幕府からの回答があったが、農民は不満足だとして再願している（六年二月）。郷頭の方もほうっておけないから、農民の言い分について反駁文を提出する（六年八月）。すると農民は追願書を評定所に提出し、いっそう数字的論理的に自分たちの主張を展開している。もし取りあってくれぬなら、耕作はすたって年貢はとれないぞ、いっそ将軍に直訴しようかと脅かしている。

これを見てもわかるように、いままでの一揆のように追いつめられたあげくの受け身の要求ではなく、具体的条件から論理的かつ積極的に要求をうち出し、しかも、経済的要求だけでなく、郷頭廃止要求に見られるように、幕府の行政機構の廃止という政治的要求をかかげるまでに成長しているのだ。幕府はあわてふためいた。その証拠に、江戸にのぼってきた代表ぜんぶと、国もとの徒党三五〇余人を投獄し、主謀者六名を死刑、三八四人をすべて処罰するという空前の大弾圧に出た（林基『百姓一揆の伝統』）。

これまでの一揆では、代官や大庄屋の不正を訴えて騒ぎたてるという形のものが多かったのだが、いまや、幕府の中間支配機構ともいうべき機関の廃止を公然と要求してきはじめたから、いわば、幕藩権力機構と生産者農民層が直接鼻と鼻をつきあわす恰好になった。こうなっては、百姓の機嫌をとったり、また一揆騒動は油断はならぬが、まだ心配するほどのことはないと、タカをくっていた考え方をあらためねばならなくなった。とっておきの弾圧の一手だ。そこで、幕府法令上にはじめて、農民徒党の禁があらわれたわけだ。

「惣而《すべて》百姓何事によらず大勢相催し、神水を呑《のみ》誓約を致し、一味同心徒党ヶ間《がま》敷儀《しきぎ》堅く制禁之事」

これがそうだ。一揆徒党の禁令は、これから明治初年にかけて、まるで年中行事のように頻発される。

このへんで、当時の農民の生活に目を向けることが必要だろう。もっとも農民と一口にいっても、そこにはいくつもの階級がある。苗字帯刀を許された大百姓から無高の水呑百姓まで、じつにたくさんの階級にわかれ、また各藩によって呼び方もちがっている。享保年間にはいると、農村のなかでの階級分化もすすんでくるが、だいたい、そのうちでも中以下の層に属する百姓の生活の悲惨さは言語に絶する。小説や読物で「ナントカ義民伝」的に書かれたものから、およその概念はもっている人も多いだろうが、私はいまいくつかの史料を読んで、あらためて慄然としたものだ。

まさに彼らは「農奴」以外のなにものでもなかった。一片の自由らしさも持つことが許されていないのだ。その農民統制の徹底ぶりは、いかに封建時代とはいえ、「よくもこれまで！」と驚嘆する。犬猫の方がよっぽど生物としての自由がある。多くの藩が、百姓の一年間の暮らし方までこまかくきめている。いや、毎日毎日の働き方まで規制されてある。

「男は未明より暮まで、鍬のさきのめり入ほど田をうなぶべし」

そして男が働いて帰ってきたら、女房は湯で足を洗わせ、女房の腹のうえに足をおいて、さすってやれ――そんなことまで言っている。そのほか、いま思いつくままに書いてみると、農村で芝居や見世物をやってはならない。子供がふえたり病人が出たりして一軒の家の中に同居するには狭くなっても敷地内に掛け小屋をつくるか、差しかけを出すかするだけで、家を新築してはならない。商売に類することをしてはならない。百姓は雑穀を食え。着物は無地の木綿にかぎる。傘も合羽も用いるな。チョン髷《まげ》の元結《もとゆい》はワラでしばれ。髪に油をつけてはならぬ。タバコは一日四回しかすってはならん。酒は飲むな。大茶をガブガブ飲んで話しずきの女房は離縁してしまえ。年貢未進の百姓の女房は人質にして小者や中間《ちゅうげん》のなぐさみものにするぞ……

などとキリがない。しかも、「年貢さえすましたら百姓くらい気易いものはないのじゃ」と勝手なことを言っている。こんな話はまだ序の口である。

幕府はもちろん、諸大名が農民にだした禁令は、彼らをガンジガラメにしている。しかも諸藩のほうがいっそう酷しくこまかい。夜の明かりは油は使わずに薪のあかりで蓆を編めとも言うている。百姓には眠っている間も自由はないのである。領主たちが財政的に窮乏してくればくるほど、農民統制と誅求は狂的になってくる。自国領内の農民こそ、領主にとっては財源であるはずなのに、これを遇することは、まるで仇敵にひとしい。

百姓たちは、村役人の監視、五人組の密告制度のなかで、どこで息をついたのか不思議なくらいだ。

これにたいする農民の消極的な抵抗が、間引《まびき》・洗子《あらいご》・「おしかえし」など言われた生児を殺す方法。あるいは棄て子、また堕胎などだ。享保以後、明治に至るまで、農村人口がいっこう増えなくなった原因は、やはり農民の窮乏なのだ。

農民は親子代々ひとつ土地にしばりつけられ、わき目もふらずに田畑をうちつづけるだけだ。別途収入を得ようにも、商売に類する副業は禁じられている。手ごころも有らばこそ、領主は高い年貢をとりたてる（たとえ表面上は五公五民となっていても、いろんな名目で課税されたから、七公三民くらいになるのは普通だった）。生産力は、あがってきたとはいえ、それも前時代との比較のうえのことで、やはり乏しい。しかも周期的におそう飢饉のために、百姓の小屋に残る米麦は一粒もない。こんな農民の家に家族が増えたら、どうしようもなかろう。

農村の間引きや堕胎の習慣は、戦国時代日本に来た切支丹の宣教師の記録のなかにも見られるが、江戸時代がもっともひどかった。しかし、間引きの禁令はあまり見あたらない。あまりさかんだったので、貧農の生きる抜け道として黙認というより、各藩とも対策のない有様だったのだろう。酒井藩では老臣水野大膳元朗がこの風習を憂えて、子が五歳になるまで扶持米を与えることにしたら、いくらかおさまった。また後《のち》の老中松平定信が白河藩主として入部したとき、この間引きの風習のさかんなのに驚いて、国中の妊婦の届出制をつくり、医者と産婆を派遣して出産に立ちあわせることにしたら、だいぶんよくなったということだ。

　しかし、これとは反対に、日向の飫《お》肥《び》藩では、分に応じて子供の数を限ったというから、まるで間引きや堕胎を命じているようなものだ。

　この悪風は農民ばかりに限ったことではない。下級武士は家をつぐ惣領息子は別格として、あとに子女がゾロゾロ生まれては、たとえば三両二人扶持では傘張り内職くらいでは追いつかないから、始末してしまう。町人のばあいは、私通の子をヤミに葬るための手段としたらしいから、農民とくらべれば、いずれも意味がちがってくる。

　幕府が出した珍しい間引き禁令がある。明和四（一七六七）年十月十五日のものだ。

「百姓共大勢子供有ㇾ之候ハ出生之子を産所に而《て》直ニ殺候国柄も有ㇾ之段相聞不仁之至ニ候、以来右躰之儀無ㇾ之様村役人ハ勿論百姓共も相互ニ心を附可ㇾ申候、常陸下総辺ニ而者《テハ》別而右之取沙汰有ㇾ之由、若《もし》外より相《あひ》顕《あらはるる》ニおゐてハ可ㇾ為㆓曲事㆒者也」

「不仁の至り」とはそらぞらしい。このぐらいのお触れで「では、やめましょう」とおさまるようなら、はじめから可愛い自分の子を殺したり流したりはしない。

間引きは東北に多く、佐藤信淵は年々六、七万をくだらないだろうと書いている。堕胎は中国、四国、九州に多かった。これらは両方とも殺してしまうことだが、越後では女の子が七つ八つになると他国へ売ったというから、殺さないだけの話で、もの心ついた娘たちの苦しみと悲しみが、かえって胸をうつではないか。

堕胎のことは隠語で「水にする」といわれ、水にされた子どもの死体は「水子《みずこ》」といった。たいてい菰《こも》にくるんで川に流したり、寺社の境内に埋めたものだ。現今でも、ときどき、山間僻地を旅していると、おもいがけないところで「水子の墓」と書かれた石塔に出くわすことがある。もちろん、江戸時代のもので、そこに埋めたあとだ。

間引きは、生まれた赤ン坊ののどに足をのせて圧し殺したり、口に藁をつめて窒息死させたりした。かえって、そのまえに「水にする」ほうが残酷さもいくらか軽い気がするが、貧農たちには、町人とちがって、「月水早流し」などという高い堕胎薬は買えなかったのだ。

さらに悲惨なのは、間引きをしそこなわれて生きながらえた子供だ。赤ん坊を殺しかけたが、急に哀れになって親が思いとどまったばあいでも、子供は片輪になるか白痴になるかして、不幸な一生をおくらねばならなかっただろうことは、想像にかたくない。また、原始的で野蛮な堕胎法を失敗したり、生まれるとすぐに間引かれる我が子の哀れさに、狂い死した母親たちも多かったことだろう。その頃の農村では、だれそれの家で子供がうまれたとわかっていても、間引きせずに育てるかどうかわかるまでお祝いに行かなかったというから、これほど悲惨なことはない。

しかし、このように痛めつけられている農民が――しだいに一揆の指導性は初期とちがって名主・庄屋などの上層農民から下層農民にうつってくる――いつの間に政治的に成長し、また、あの恐ろしいまでのエネルギーを貯えたのだろうか。エネルギーの源泉は単なる我武者らな反抗心ではない。それが歴史の発展の必然だということを、これから見ていこう。

土地はこれ御公儀のもの

この会津御蔵入騒動につづいて、享保七（一七二二）年には、越後と出羽の天領に質地騒動がおこった。質地というからには、土地を質に入れて金を借りるのだが、では、封建時代の百姓は自分の土地を持ち、それを自由に売ったり買ったり、与えたり貰ったりできたのかという疑問がおこる。

三代将軍家光の寛永二十（一六四三）年三月に「田畑永代売禁令」というものが出ている。

田畑永代売禁令

一　身上能《キ》百姓は田畑を買取《リ》、弥宜《ク》成《リ》、身上不《ル》レ成《ラ》者は田畠令《メ》二沽却《セ》一、猶々身上不《ル》レ可《カラ》レ成《ル》之間、向後田畠売買可《キ》レ為《ル》二停止一事

（寛保御触書集成）

右の禁令をおかしたときはどうなるか。

田畑永代売御仕置

一 売主牢舎之上追放、本人死候時ハ、子同罪

一 買主過怠牢、本人死候時ハ、子同罪、但買候田畑は売主之御代官又ハ地頭江取ニ上之一

一 証人過怠牢、本人死候時ハ、子に構なし

一 質ニ取候者、作り取りにして質に置候ものより年貢相勤候得ハ、永代売買同然之御仕置、但頼納質《らいのうじち》という

右之通田畑永代売停止之旨被ニ仰出一候

幕府の考えでは、土地は公儀のもので、農民には土地の私的な所有権はなく、ただ作らせてもらっているにすぎない。また、農民を土地にしばりつけておくことは、彼らが耕作すればよいというだけではない。あてがわれた土地をうまく経営してくれなければならない。耕地が勝手に売買され、大百姓が出現したり、反対に売りはらって年貢の負担もできない零細農がふえることを防止したいのが幕府の狙いだ。そのために、自立できる一定の基準を維持させなくてはならない。そこで、名主は高二十石、本百姓は地面一町、高十石以上もたなければ、子供に分地することも許さなかった。

寛永二十年の田畑永代売禁令から八十年たった吉宗の時代には、この禁令はほとんど有名無実になっていた。名目上はやはり売買はできなかったが、質入の形式は認められていたから、質流れしてしまうと、けっきょく売買とおなじで、田畑の移動兼併はおこなわれていた。それに拍車をかけたのが、農村への貨幣経済の滲透であり、商業高利貸資本の侵蝕だった。とくに

商業資本家の新地主は、土地金融でさかんに兼併をおこなったわけだ。

どのようにして、土地を取りこんでゆくかというと、貧農に金を貸して土地を質にとる。当時土地を抵当にするのを「書入れ」といったが、これが最もふつうの形だ。ところが、この金融はひどい高利だから流れてしまうのがあたりまえのようなものだ。そのほか、飢饉のときに、ほんとにわずかな米や金で、ゴッソリ土地をまきあげたり、ひどいのになるとイカサマ博打で土地をまきあげたり、あくどい奪り方をしたものだ。

分地制限のお触書を掲げよう。享保六（一七二一）年七月のものである。

田畑配分定之事

高拾石　地面壱町

右之定よりすくなく分候儀停止たり、尤分方に不レ限、残り高も此定よりすくなく残へからす、然ル上は高弐拾石地面二町よりすくなき田地持は、子共を始、諸親類之内え田地配分不二罷成一候間、養介《マヽ》人有レ之者ハ、在所にて耕作之働にて渡世致させ、或は相応之奉公人に可二差出一事、

享保七年にはこれがすこし変更されているが、享保六年にはこのように触れられている。分地すると、右の制限以下になるときは、独立させないで耕作をさせるか、奉公人に出してしまえと言っているのだ。

3

町人資本、吉宗に勝つ

幕府の分地の制限ではこんなことを言っているが、当時、これ以上もっていた百姓はわずかだから、じっさいには分地禁止とちがわない。それでも、二男三男に土地を分けることは行われていたが、年貢は長男の名前で納めたから、おもて向きはそれですんだ。しかし、だんだん分けて、ますます小百姓になればやってゆけなくなって、ついには没落することになる。そんな土地は質流れになって物持ちにとられてしまう順序だ。そこで大百姓ができ、町人の地主もうまれる。ぞくに阿呆者、バカもののことをタワケというが、田分《たわけ》からきた言葉だ。

吉宗は田畑永代売買禁止令が有名無実になっているので、享保六（一七二一）年十二月に質流れ禁止令を出した。質入れした土地の期限がきていても、証文を書きかえさせて、毎年質入金の一割ずつ返せば田畑が質流れしないようにした。また享保二（一七一七）年以後、質流れの田畑をめぐっての裁判沙汰になっているものは、これをやめて、質入れしているものが、借りた元金だけ返せば土地を取りもどせることにした。これは、本百姓がちゃんと自立できるようにしておき、質流れした土地が一部の地主に集中することを防ぐ目的だった。

この法令が出た翌年、天領の出羽（山形県）村山郡長瀞《ながとろ》村と、越後（新潟県）頸城《くびき》郡の高田周辺の村々に、前後して騒ぎがもちあがった。わけても享保七（一九二二）年十月におこった越後のほうは四十数カ村がたちあがった大騒動だったから、こちらを見ることにしよう。

この禁止令では「これから質入れした田畑がいっさい流れないようにすること。いままで入質して期限のきているものも、証文を書きなおさせ、金利は一割五分として元金の中に入れ、そのほかは利子をつけてはならない。そして一割五分ずつで年賦で返すようにすること。また、享保二（一七一七）年以後、質流れした土地のことで裁判になっているものは、それをやめて、質入れしたほうが元金だけ返したら田畑を本人に返してやること」などが決められていた。

これを見た農民たちが質流れになった土地の取りもどし運動をはじめたわけだ。

「質流れした土地を取りもどしてええちゅう将軍さまのお布令じゃ」

勝手にそう宣伝した。たちまち数千人の大群衆になり、代官所に強訴し、十何年もまえの流地も小作料と差引いて無償で返せ、一割五分の年賦返還も、まず質地を質入れしたものに返してからにしろとか要求した。そして、鶴町村の質取り人をおそって、直接に返還をせまり、あげくには米蔵を強奪したりした。

この騒ぎにおどろいた幕府は、三人の農民代表を江戸の評定所へ呼び出し、禁止令の趣旨を説明し不心得をさとした。代表はその場では、ハイハイと納得したような顔をして神妙にしているが、国へかえると、また同じような騒動をくりかえした。ついに農民たちは地主の苗をひきぬいたり、自分たちで共同田植をする有様になった。そこで幕府は近隣の大名に命じて鎮圧せねばならなかった。これが有名な越後の質地騒動で、あしかけ三年にもわたった。

こんなわけで、またどんな騒動がもちあがらぬともかぎらないと恐れた幕府は、法令を出してからまる二年もたたない享保八（一七二三）年には、質流れ禁止令をひっこめてしまい、また以前のように質流れは黙認されることになった。

この前後から幕府の土地問題にたいする政策の転換が見られはじめる。幕府としては、農民が年貢さえきちんきちんと納めてくれれば文句はない。質入れした田畑が金主のものになろうがどうしようが、その土地に掛けただけの年貢がはいってくればいいという方針にかわってきた。いままで商業資本が農村にはいるのを、やっきになって抑えていたのをやめたのである。

さらに、こんな狙いもあった、領主にたいする農民の反抗はしだいに激しくなってきたが、領主と農民との間に商業高利貸資本がはいってくると、領主にたいして向けられていた農民の闘争の目標を商業高利貸資本の方へそらせることができるからだ。もちろん、商業資本を抑えるだけでなく、その農村への侵入を放置するにいたったのは、農村でも貨幣経済の渦にまきこまれて、貨幣の流通量が多くなっていたから、主として商人の手を通じてこれを統制し掌握しようとしたのだ。ここに、吉宗が将軍になった初めころからの政策――農民を自給自足の自然経済の中に閉じこめておくための商業資本への圧迫政策から、こんどは幕府が自から商業資本に拠りかかる政策にかわっていったのだ。

このもっともよい例が新田の開発に金持ちの投資を期待したことだ。

とにかく幕府は財政の基礎である年貢がほしい。年貢の増収のためには耕地を拡大するにかぎる。そこで幕府は享保七（一七二二）年九月、お江戸日本橋につぎのような高札をかかげた。

惣て自今新田畑可㆑有㆓開発㆒場所ハ、吟味次第障り無㆑之におゐてハ、開発可㆑被㆓仰付㆒候、夫ニ付、右地所私領村附之地先ニて、只今迄開発可㆑致筋ニても、此度新田御吟味ニ付、いまた開発不レ仕有レ之候場所之分ハ、山野又は芝地等或ハ海辺之出洲内川之類、新田畑ニ可レ成処ハ、公儀より開発可レ被二仰付一候、乍レ然私領一円之内ニ可レ開新田ハ、公儀より御構無レ之候、為二心得一此段相通し候、

このように耕地開発の奨励をした。できるだけ開発することを命じ、私領内では幕府にことわる必要はないから、どしどし開発しろというのだ。むろん町人の資本に期待をかけているわけであった。また、代官たちには、新田を開発したら、ご褒美として、そこからあがる年貢の一割を一生あたえるといって、開墾できる土地をさがさせた。

しかし、こうして、吉宗の享保の改革をならべたてても興味がないので、話をすすめよう。そして、後代の諸改革や施策と、その都度関連して書くことにしよう。

吉宗、「米将軍」のいわれ

吉宗の改革が成功だったかどうかの判定はなかなかむずかしい問題で、学者の意見もまちまちのようだ。しかし、吉宗の努力によって（それは、また百姓町人の犠牲において――ということにもなるが）幕府の財政が黒字になってきたことは事実だ。「さぞかし、将軍さまはホッとされたろう」と思うと、じつはそうでなかったのだから、だれかのセリフではないが、政治というものはなかなかむずかしいものだ。

吉宗のことを一名「米将軍」というが、そのアダ名の由来は、彼が在職中、米価を調節するために、いわば米相場と格闘しつづけたからのことだ。

武士は俸禄の米を金にかえて生活するのだから、これが安ければ現金収入が減って困るのは当然だ。武家の統領たるものが、そこに意を用いるのは義務だろう。

享保年間にはいって、初期は不作つづきで米相場も高かったが、十年ごろから豊作がつづいて、米相場が落ちた。享保十四（一七二九）年には、享保初年の半分にまで暴落した。

「町方の者が米をみること、まるで土くれとおなじだ」

と、書きのこされている有様だった。

町方の貧乏人はたすかるが、米は領主経済の中心的な商品だから、彼らはたまらない。幕府は年貢米を貯蔵したり、諸藩や大商人に回米の制限や貯米を命じ、市場の統制をみだすおそれのある投機的な空米相場をたてることまでゆるして、相場のつり上げという非常手段までやった。

米が安いということは、武家だけでなく農民にも困ることだ。米が安ければ、いるだけの金をつくるために、いっそう年貢米をとられる。しかも、吉宗の増税政策のために、いろんな名目で米を召し上げる貢租はふえる一方だったのだから、農民の疲弊はつづいているのだ。享保年間から農民一揆が、天領だけでなく、幕府の方針へ右へならえの各藩領でも、ふえてきたわけが、ここでもわかるだろう。

享保の飢饉

ところが、享保十七（一七三二）年夏、近畿以西各地に長雨がつづいた。そのうえ、瀬戸内海沿岸を中心に、天を掩うて蝗《いなご》の大群が来襲したのである。稔りにはいろうとしていた田も畑も、みるみる無惨な丸ハダカにされてしまった。いわゆる享保の飢饉がはじまる。

江戸時代には、この享保十七年、天明四（一七八四）年、天保八（一八三七）年と偶然だが約五十年おきに大飢饉がおこっている。これを江戸時代の三大飢饉といって、今日からでは想像もできない餓死者をだしている。

享保の飢饉においては、『日本災異誌』によると、稲作の被害減収じつに四百万石、近畿から九州一円にかけて、二六五万人が罹災し、餓死するもの一万二千余人におよんだ。ほかに牛馬の損害も一万五千頭という大惨状だった。別の記録によると、死者十六万九千九百といい、また九十万をこえたと誌した書もある。とにかく恐ろしい数だ。長州藩のある村では、全人口の二割が死んだと記録されている。しかも、ほとんどが働きざかりの男たちだ。それというのは、彼らが老幼を助けるために自から犠牲になったためであろう。

なぜ、このように猛烈な惨状を呈するのだろうか。それは、当時は農業技術がすすみ、生産が増大してきたといっても、今日から見ればおどろくほど低い。それに、あの恐ろしい年貢だ。農民はほとんど慢性的な餓死状態にあるし、現在なら乞食も見向かないだろうほどの粗食だから栄養失調も普通だ。そこへ、広範囲に凶作という大天災が降ってくれば、ひとたまりもない。しかも、救済施設といったら無いもおなじだ。村を捨てても、藩の外になかなか出られはしないのだ。

皮肉なことに、享保の飢饉といわれたときに、東日本は豊作だったのだ。それでは、なぜ東の米を西日本へ送ってやらなかったのか、それが、各藩割拠の封建時代の悲しさである。

こういうとき、藩主は困っている藩に――たとえ隣りでも――米を送って助けてやるなんてことは、まず無い。逆に「津留《つどめ》」といって、米麦（その他、その藩の国産特産品などのときもあるが）の国外移出を止めてしまうのだ。第一には藩内の米の値上がりを防ぐための処置だ。そして、かわりに貧民に施米なんぞしてチョッピリ機嫌をとって、「御仁政」をうたわすという方法も使うのである。だから、豊作の東国から大飢饉の西日本へ黙っていれば救助米がくるわけはない。

そこで日本の最高統治責任者である幕府のうった手をみてみよう。とにかく自分のところから――すなわち天領各地の罹災民を調査し、被害の大きかった筑前、豊後、日向にむけて一万三千石の米を送って夫食米《ふじきまい》とした。それから各地の幕領へも送って、十七、十八年間に十一万石出した。幕府が積極的にうった手は、このように、また来年も年貢をとらねばならない天領だったのだ。このとき、三十七万人が救済されたというが、天領でそれだけ百姓が飢え死したら、幕府の米蔵の方がカラになる。計算ずくだから、やることがミミッチイのである。

大名領へは命令だけ出している。これなら自分のハラは痛まない。各藩は城詰米を放出しろというのだ。その量は二十五万六千石にのぼったが、こうした処置は役人の手にかかると、いつも遅れるもので、このときも手遅れになったから、あれだけの人が死んだのだ。さきに幕府は西日本の各大名へ命令だけ出したといったが、大坂の在庫米わずかに五万石を「払下げ」てはいる。率先垂範のジェスチュアみたいなものだ。

ついでに「夫食米《ふじきまい》」について言うならば、これは幕府や藩からタダで施《ほどこ》してもらったものだと早合点して有難がったら、大まちがいの大損だ。飢饉がおわったらお返ししなければならない。それも年貢の上に積み重なってかかるのだ。役人はビシビシ取りたてるから百姓は飢饉に生き残っても二重苦三重苦をなめねばならなかった。

しかも、あきれたことには、幕府はこの「夫食米」さえ出し惜しんで、青木昆陽などに「代用食にて、なにかよきものはないかのう」などと相談しているのである。

『日本残酷物語』（第一部）につぎのような話が書いてある。農民生活を知るうえに必要だから紹介しよう。それによると、

「今日でも、西日本には田植えのあとに虫送りをするところが多いが、それは享保の飢饉の被害の大きかった地方とほぼ範囲が一致している。たぶん享保の飢饉のときの虫送り祈禱が年中行事化したものであろう。虫祈禱はまたサネモリ送りという地方があり、タイマツに火をつけて、田のほとりをふりまわしながら『ウンカの神送った、サネモリさま送った』とか『後生よ、後生よ、サネモリどんの後生よ』と、鉦《かね》をたたいてとなえ歩いた。むかし斎藤別当実盛が合戦のとき、稲につまずいて殺されたので、その遺恨によって稲を食いあらす虫となったという伝説が各地に残っているが、この実盛の怨霊を追いはらうために、こうした文句をとなえながら実盛人形をかつぎ歩いたのち海へ流し、僧は大般若経《はんにゃきょう》をよみ、神主は祝詞《のりと》をあげたのである」

このような農民たちは神仏にすがるより方法がなかったのである。飢饉がすぎれば、きまって疫病が流行する。栄養失調で弱りはてているところだから、抵抗力は全然ない。これにも御祈禱しかてだてはなかった。それでも、彼らははたらき、生きのこってきたのである。

米将軍兜《かぶと》をぬぐ

さて、飢饉の前年の享保十六（一七三一）年には、米一石が銀二十二匁という空前の安値だったのが、たちまち七、八倍の百三十ないし百五十匁に暴騰したから、こんどは都市の貧民が餓死寸前に追いこまれた。にわかに乞食がふえた。京都では貧民が「拝借米」を願いでたが、所司代は許さなかった。そして、江戸では、ついに享保十八（一七三三）年正月、二千人にちかい貧民が幕府の御用米商、日本橋の高間伝兵衛の家をおそって、打ちこわしをかけた。家は叩きつぶす、家財は川に投げこむ。さんざんに暴れまわった。これが大江戸最初の「打ちこわし」である。

あわてた幕府は、回米促進やら、買占め禁止やら、あれこれと手をうちはじめた。すると、また皮肉なことに、享保十八年は豊作で、夏に麦の収穫も多く、やがて秋に新米が出まわりはじめたりして、こんどは米一石が銀四十匁という安さになった。そこで、また米価引上策。つぎには米相場の公定。それもうまくゆかないで、すぐに廃止。また下落……。まったく目まぐるしい。米相場の上がり下がりで振りまわされつづけたのが、「米公方《こめくぼう》」吉宗だった。

享保二十（一七三五）年に中御門《なかみかど》天皇が譲位し、桜町天皇が即位した。翌年元文《げんぶん》と改元された。

吉宗は正徳以来の良貨政策をずっとつづけてきたが、元文元（一七三六）年五月にいたると、ついに質より量の悪貨政策に踏みきった。これによって、通貨がふえて、金づまりは緩和され、米価の下落は食いとめられたが、物価はまたハネ上がった。たまらないのは、現米収入で貨幣支出の武士である。米と金の板ばさみにあって苦しむことになる。

御即位で年号かわり金かわり
江戸の爺《じじい》は何故にかわらぬ

こんな落首が京都にあらわれたのも、その頃だ。吉宗もあきられた。いや、改革も行きづまりにきたのである。

吉宗の施政の前半期は、農民からできるだけ年貢をとりあげる方針がつらぬいている。租率を上げたり、定免制を採用したり、新田を開発したり等々は、みなその現われだ。そのために、農民を昔ながらの自然経済の中に閉じこめておかねばならない。農村を破壊する商業資本が入りこむことを抑えねばならない。だから商業資本を圧迫しようとした。

しかし、後半期はほとんど逆の政策にかわってくる。商業の発達も、これが農村へ侵入することも防ぎきれなくなった。たとえば、新田の開発も商人に投資してもらわなくてはならなくなったし、米価調節も彼らの協力なしではできない。だから米商人の株仲間も公認して、その特権を保護することを余儀なくされるにいたった。江戸、京都、大坂の三都の商人を統制し、特権を与えるかわりに、幕府は彼らから利益を引き出す、いや、頼りにしたのである。

米将軍はついにカブトを脱いだ。退陣である。

4　側用人政治の復活

吉宗は延享二（一七四五）年隠退して、将軍職を長子家重に譲った。ところが、第九代将軍になった家重ときたら、ぜんぜん親に似ない不肖の子で、まるきり政治に興味がない。特技といえば将棋がめっぽう好きなくらい。後見の吉宗が宝暦《ほうれき》元（一七五一）年に六十八歳で亡くなると、目の上のコブがなくなった。大ぴらで淫縦のみをこととしたから、覿面《てきめん》にタレ流しの中風になった（もともと、ひどいドモリだったともいわれるが――）。世人よんで「小便公方《くぼう》」と、ズバリそのものの綽名を奉られた。

老中たちがなにか用事があっても、将軍の舌がひきつれてハフハフ言っているのではラチがあかない。ところが、家重のハフハフが一から十までわかる男がいたのだから驚く。この特殊技能の所持者が側用人大岡忠光《ただみつ》だ。老中・若年寄を中心にして行なわれるはずの御用部屋政治は、いまや火鉢を囲んだツンボ桟敷で、いつの間にか側用人政治に実権が移ってしまうのは当然のなりゆきであった。

将軍家重の「通訳」大岡忠光の出世ぶりをちょっと紹介しよう。彼はもともと三百石の小身者だ。享保九（一七二四）年、まだ西の丸にいた家重の小姓となり、十三年後の元文二（一七三七）年には小姓頭取、同四年御用取次見習にすすむ。延享二（一七四五）年家重が将軍になると本丸にうつり、小姓組番頭《ばんがしら》の格にのぼった。翌三年には側衆《そばしゅう》となり、この間しばしば禄を加えられたが、宝暦元（一七五一）年（吉宗死去の年）にはついに一万石の大名の列にはいっている。その四年後には若年寄、奥勤《おくづとめ》は元のとおり、そして同六（一七五六）年五月側用人《そばようにん》に転じ二万石の加増をうけ、武州（埼玉県）岩槻《いわつき》の城主となった。

ここで、ついでに書いておくならば、のちの老中田沼主殿頭意次《とのものかみおきつぐ》は、そのころどうだったかというと、彼も家重の御覚《おんおぼえ》めでたく、次第に登庸せられていて、吉宗が死に、大岡忠光が一万石の大名にとりたてられた同じ宝暦元年には小姓組番頭から側衆になっており、同じ八年には一万石の大名に列する。ちょうど、大岡忠光の一歩あとからついて来ている恰好だった。しかも役者は田沼意次の方が上だった。

その話はさておいて、大岡忠光とか宝暦八（一七五八）年とかいう年号が出てきたついでに、もう一つ話を脇道に外《そ》らせよう。脇道とはいうが、いまから書く二つの事件、あるいはその尊王思想は、やがて寛政年間にはいると、高山彦九郎や蒲生君平《がもうくんぺい》にひきつがれ、内外の形勢が日に急になる幕末にいたって、尊王論のもっている日本主義は攘夷思想と結びついて、ついに尊王攘夷運動となるのだから、注目されなければならないだろう。

宝暦・明和事件の意味は大きい

その二つの事件というのは、一つは家重将軍の宝暦八（一七五八）年京都におこった竹内式部《たけのうちしきぶ》の宝暦事件であり、一つは十代家治《いえはる》将軍の明和《めいわ》四（一七六七）年江戸におこった山県大弐《やまがただいに》の明和事件である。

宝暦事件の竹内式部は越後新潟の医者の子で、京都に出て垂加神道と軍学を学び、公家の徳大寺公城《きんしろ》に仕えていた。彼は大学者というよりも、むしろ人格者だったらしい。門人には中以下の層の公卿が多かった。そして、彼らの斡旋で桃園天皇（第一一六代・在位延享四（一七四七）年――宝暦十二（一七六二）年、寿二十二歳）に進講しようとしたところを、保守的な上層公卿が所司代に通報して、竹内式部は調べられたのち翌宝暦九（一七五九）年に重追放に処せられた。公卿の勢力争いと神道の派閥争いに巻きこまれたのだともいえる。

それはそれとしても、竹内式部の思想ははっきりしている。

この事件を書くとき、どの史書でも引用するのだが、彼が捕えられて役人から、いまの天下は危い天下かと問われると、「成程危き天下と存じ奉り候」と答えているし、「壱人《にん》之乞食《こつじき》一人《にん》の訴人有レ之候間は誠の太平とは不レ申」と太平天下の弁をなしている。

従来から水戸義公、山崎闇斎、熊沢蕃山、山鹿素行なども、いわゆる尊王論を唱えてはいるが、それらはただ単に尊王ということにとどまっていて、排幕斥覇には言及していない。幕府は実権の中心としてソッとしておいて、べつに朝廷は朝廷として尊崇するというのだった。

ところが、一歩すすめて、竹内式部は正面から尊王斥覇を唱えているのだから、幕府の役人が仰天したのは無理もない。

さて次ぎは山県大弐の明和事件であるが、それはさきの宝暦事件から八年のちの明和四（一七六七）年に起こっている。この明和四年という年は、その七月に田沼意次が将軍家治の側用人となり、いよいよ田沼時代がはじまろうとする時だ。同じ年の八月、山県大弐は四十三歳で刑死し、明和事件にも連累の疑いありとして調べられた竹内式部は、こんどの事件には無関係とわかったが、けっきょく八丈島に流される羽目になり、その途中三宅島で五十六歳で死んでいる。なお、家重が将軍職をその子家治に譲ったのは宝暦十（一七六〇）年だが、彼はその翌年死んだし、さきの桃園天皇が亡くなったのはそのまた翌年宝暦十二（一七六二）年で、京都では皇姉桜町天皇が践祚した。

ここで読者には、さきに「小便公方」家重のハフハフを通訳する特殊技能の故に、ついに二万三千石武州岩槻城主にまでなった大岡忠光の名を想い出していただきたい。彼は側用人として将軍家重の寵を得たが、宝暦十年四月に家重より一足さきに死んだ。大岡忠光はトントン拍子に出世したが、ひたすら将軍の唇を読み、迎合これつとめ、老中たちにたいしてもはなはだ慇懃謙遜ウマクやったから彼らの憎しみをかうことがなかった。これまた一つの才能であろう。それにくらべると、側用人としては後輩の田沼意次は、史上に田沼時代といわれる一時期を画したほどの異才である。しかし、それについては後述することにして、ここに明和事件の山県大弐が大岡忠光に仕えて七人扶持を給されていたということだ。大弐は忠光の死後、岩槻から江戸に出て大いに門戸を張り、儒書兵書を講じていたと聞けば、田沼意次といい、山県大弐といい、いささかならざる因縁を覚える——と書けば付会の誹《そしり》を受けねばならないだろうか。

山県大弐は『柳子新論《りゅうししんろん》』という本を書いている。彼は調子の高い文章で、武権政治に反対し尚文政治を讃美し朝廷の衰運挽回すべきを論じている。むろん、幕府からみれば危険思想だ。彼の所論に一貫するものは「名分を正す」ということだ。したがって、ワイロ政治も口をきわめて攻撃した。小身者が寵を得てにわかにときめくと、彼のまわりにワイロが渦巻くのはお定まりだ。山県大弐がかつて仕えた大岡忠光がまさにそうだったろうし、時すでに田沼時代がはじまっているのだから、大弐はつぶさにそれを見て痛憤したのだろう。

たまたま、上野国（群馬県）小幡城主織田信邦（二万石の小大名だが、織田信長の二子内府入道常真すなわち信雄の後という名門）の家老に吉田玄蕃というものがいて、藩政改革を志したが、玄蕃は山県大弐に傾倒し彼を起用しようとした。ところが玄蕃の反対派が、玄蕃に不審の廉《かど》があるといって彼を押しこめてしまった。大弐は時として調子にのって言いすぎることもあったが、大弐の詭激な言説が藩中の勢力争いに反対派に口実をあたえたのだ。このことが幕府の耳にはいった。さらに悪いことには、大弐の門人の藤井右門という男が過激な論を吐いたのを訴えられた。睨まれていたところだから、たちまち捕えられて調べられたが、大弐たちには謀反のくわだてなどなかった。しかし、ついに大弐は死罪、右門は獄門になった。織田氏は減封、吉田玄蕃も処罰された。さきに宝暦事件で追放中の竹内式部も巻き添えをくったことは前に述べた。

徳川時代の追放とか所払《ところばらい》とかいうのは、いったん追放されると一定の場所に立ちもどって入ることを許さないのだが、いわゆる御構場所《おかまい》に立入ったところを役人に見つかっても、「墓参にもどりました」とか、「じつは、どこそこへ参る途中なので……」とか弁解すれば大目にみてもらえた。しかし、そのときはかならず草鞋脚絆をつけていなければならなかった。竹内式部は山県大弐事件とは関係ないことがわかったが、追放中に御構場所の京都に立入ったという理由で遠島になった。彼とて草鞋脚絆の手くらい知っていたろうが、彼は上京の理由をクドクド弁解して、かえって大損をしたようだ。

天子諸芸の事、三万石のアテガイ扶持

たまたま、天皇家の話が出たので、徳川封建制下において、天皇はどういう地位におかれていたかを書いておこう。

もちろん日本中のほとんど全部の土地を武家がもっていたが、享保年間（一七一六〜一七三五）に、将軍直轄領は四百十二万石。天明から寛政ごろ（一七八一〜一七八九）に四百四十万石弱。天保年間（一八三〇〜一八四三）には四百二十万石になっている。それから、旗本の知行高が文化年間（一八〇四〜一八一七）において、およそ二百六十余万石あったから、合計約七百万石が幕府領だとみてよかろう。当時の全国の高が約三千万石というから、幕府領は約四分の一だ。これが日本中の要所要所に散在していた。そのうえ、幕府は政治上、経済上、軍事上の枢要な港や都市、あるいは鉱山など、みんな直轄地にしていたことは、ひとの知るとおりだ。

つぎに親藩、譜代、あるいは外様の大名、二百六十余家が約二千万石を領していた。

また寺社領というのがあるが、中世に延暦寺や興福寺がそれぞれ五十万石も領していたことから思いくらべると、グンと少なくなっていて、寺社が自分で貢租を徴収することができたのは、全国でわずか六十万石だった。

最後に皇室の禁裏御料だが、だいたい三万石だ。上皇の御料が一万石、女院とか東宮等の御料が別にある。また皇族とか公卿の分をあわせると五十万石はあったという。

しかし、これらは直接知行地のように領したのではない。禁裏御料の山城とか丹波とかから

のあがり高を幕府から皇室に「アテガイ扶持」として給したのである。幕末にはすこしかわってきて、文久三（一八六三）年からは四斗俵で十五万俵、翌四年からはまた改めて三十万俵を朝廷に「貢献」することになったが、いよいよ幕府の倒れる慶応三（一八六七）年には、山城の国にある徳川領地と武家領をのこらず貢献している。だが、だいたい江戸時代を通じて、禁裏御料は三万石のアテガイ扶持だったと考えてよい。

これからもわかるように、天皇は少数の取巻きの公卿とともに孤立していた。天皇にはなに一つ実権はなかった。幕府の禁中統制政策は

「天子諸芸能之事、第一御学問也」

と、ズバリ第一番にぶっつけている。天皇は本でも読んでジッとしていてくだされればよろしいというわけであった。

こんな次第だから一般庶民——山城や丹波の百姓でさえ、天皇のことをほとんど知らなかった。武士もたいして関心をもたなかった。ただ水戸学者、国学者や、その影響のもとにあったものは、天皇に尊崇の念をもっていた。

余談だが、明治十年の西南戦争のとき、田原坂の戦線に政府軍の慰労のために勅使が派遣されたことがある。政府軍の主力はもちろん、ときの鎮台兵で、兵卒は徴募の百姓あがりが多かった。その一人の兵隊が夜間の歩哨に立っているとき、勅使がどうしたわけか一人で歩いていて、歩哨線にひっかかり、誰何された。勅使はびっくりしたが、そこは逆手に出て、威猛高に、「無礼者！　勅使にむかってなにごとじゃ。土百姓、さがれ！」と呶鳴りつけた。

「なんてや？　チョクシじゃと？　そげんもんは知らんぞ。ノソノソ歩いとると突き殺さるるばい」歩哨は銃をかまえて寄ってくる。

「チョ、勅使を知らぬか、この不忠者！」勅使は自から、この百姓兵に身分の説明をしなければならなくなった、「戦線視察中の天子さまの御使者じゃ。無礼者、容赦はせぬぞ！」

「ふん、わけのわからん男じゃ。チョクシでんカガシでん、そげん聞いたことの無か奴は、通すことのならん！」

作り話ではない。明治初年、しかも天皇の鎮台兵でさえ、百姓出身はこうだったのだから、まず江戸時代における一般庶民の天皇にたいする知識というか認識の程度は想像がつくであろう。

幕府は「天狗」に弱かった

話をもどそう——。

宝暦・明和両事件を語ったところで、さらに一つ、いわゆる「天狗騒動」といわれる百姓一揆を述べねばならない。これは明和元（一七六四）年十二月末から翌二年正月にかけて、上州武州の百姓が蜂起した事件で、参加人員無慮二十万と称せられ、島原の乱以来の大規模の騒擾だった。諸国の百姓一揆は享保以来にわかに増えているが、天狗騒動は格別である。ということは、その規模の大きさをいうのではない。われわれは、ここにいたって、ようやくはっきり幕府権力の動揺の徴《きざし》を見るからなのだ。

明和二年四月、日光東照宮の百五十年忌の大法会にあたって、親王がたや公家衆の日光参向の人馬が不足なので、助郷《すけごう》の村にたいして、定助郷のほかに、三月から八月まで、百石について人足六人、馬三頭ずつをかけるという命令が出た。馬の出せない村には、金六両二分ずつ出させることにした。この命令を不服としたのが蜂起の直接の原因である。

助郷《すけごう》は江戸時代の交通あるいは農民の生活を知るうえにぜひ知っておかねばならない。農民にもっとも大きな影響をあたえた課役が助郷制であった。『近世農民生活史』（児玉幸多）からその説明を引用しよう。

「江戸幕府は交通駅逓の制度として五街道（東海道・中仙道・日光街道・奥州街道・甲州街道を五街道と呼んだ。一説には奥州街道を除いて水戸街道を入れ、あるいは甲州街道の代りに北国街道をあてることもある――この項、岩波小辞典『日本史』）に宿駅制を設けたが、それら宿駅には一定の人馬を置く義務があった。すなわち東海道の各宿には百人百匹、中仙道の宿には五十人五十匹、他の街道では二十五人二十五匹というがごとくである。しかしこれらの人馬を宿駅のみで常備することは困難であり、時にはそれ以上の人馬を必要としたから、宿駅付近の農村から公私領の別なく不足の人馬を徴発することとした。その指定を受けた村が助郷であり、その課役もまた助郷と称したのでこれを区別するために助郷村・助郷役ともいうのである。助郷が制度として定められたのは元禄七（一六九四）年で、その後定《じょう》助郷・大助郷の区別を生じたりしたが、のちに、その区別はなくなり、更に改めて代助郷・加助郷・宿付助郷・増助郷・当分助郷などの年季または一時的の助郷が定められ、遠いものは宿より十数里の遠距離にあった。宿駅より遠く離れた助郷村にあっては一日の労役のために往復二日以上を費し、それに赴く者は多く青壮年であり、時期は多く農繁期であるから、これがために農業生産に与えた影響は甚大であった。かつ宿駅側ではなるべく負担を助郷に転嫁させようとして常備の人馬を少くし、このために宿駅と助郷村の間に紛争の生じたことも少くない。助郷村は幕府に対して負担軽減を嘆願したり、あるいは勤役を拒否したりしたこともあり、また逃散《ちょうさん》（農民が土地をすてて逃亡すること）をし、農民一揆を起こしたこともある。明和元（一七六四）年に上野下野地方に起きた一揆は参加者二十万人といわれた。後世『天下農民中生を定助郷各村に受くる者程不幸なる人民は他にあらざるべし』といわれたほどである」

この疫病神よりこわい助郷を農繁期にかけられたのだ。しかも、これまでの日光御社参の例だと、百石について四十五匁くらいの課役だったのが、とてつもない高額になっている。それでなくても、権現様のおかげで日光街道は助郷の負担が重かった。ご多分にもれず、ここの百姓もしぼりあげられて年貢上納にも四苦八苦していたのだし、その春には朝鮮使節が来日していて、そのときも臨時費を高《たか》百石につき三両一分二朱の割で出させられていた。もう百姓は鼻血も出ない。そこへ、勘定奉行小野日向守から、こんな命令がきて、評定所留《とまりやく》役倉橋与四郎、成瀬彦太郎などが、またぞろ、百姓と胡麻の油は……とばかり検分にやってくるというのだ。

ここにいたって、ついに百姓たちは爆発した。上州、武州、秩父、熊谷など、各地いっせいに蜂起し、江戸へ直訴しようとして、大群衆はそれぞれ食糧をつつみ、笠や鎌をもって駈けだした。まず本庄宿にやってきて、市場を荒し、深谷宿も襲われ、熊谷宿では市場を荒し、本陣を打ちこわした。そこで、幕府は忍城《おしじょう》から鎮圧隊を出すように命じた。このために農民たちのうちから、手負い百余人、即死五人が出たが、それでも屈しなかった。とうとう当時名郡代として百姓にも人気のあった伊奈半左衛門を鎮撫に出向かせた。伊奈は、

「おまえたちの願いのとおり聞届けるから、とにかく引取ってくれ」

と、まるきりの低姿勢で宥めすかしたので、農民たちは一応おさまって居村へかえった。しかし、彼らの腹の虫がすっかりおさまったわけではない。

「こんどの突拍子もない課役は、街道筋の宿々の問屋役人どもが、自分たちの負担を軽くしてもらうために、遠く五里も十里もはなれた村々にまで、助郷役を願い出たのだ」

だれ言うとなく言いはじめたが、その噂が本当で、この問屋役人に賛成した奴がわかったからたまらない。恨みを晴らせというので、明和元年閏《うるう》十二月の晦日の夜から、また暴動をおこした。問屋場はじめ富農や酒屋を手あたりしだい打ちこわし、ついには入間《いるま》川から川越方面へまで押し出してきた。正月六日ごろまで、鉦太鼓を叩き、法螺貝を吹きならし、鯨波《ときのこえ》をあげて騒ぎたてたが、しだいに農民たちは退散した。

この一揆を天狗が指揮しているという噂がたって、いわゆる「天狗騒動」の名がついたわけだが、とにかく将軍お膝元の関東で、二十余日も二十万の百姓の暴れるにまかせたということは、幕府の威光にもいよいよ陰がさしてきたことを、つくづくと世人に感じさせたものであった。

幕府は倹約令と徒党強訴の禁止令をバカの一つおぼえみたいに殆んど毎年といっていいほど出しているが、抜本的な政治的対策なしには、この百度千度の禁令も意味はない。では、その

抜本的な対策とはなにか。しかし、もしも本当に「抜本的」な政策があって、それを採ったとしたら、幕府はたちまち崩壊しなければならなかったろうが……。とにかく、禁令禁止ということは、流れて行こうとするものを堰きとめようとすることだ。だから、幕府の政策が、たとえナニナニの改革といわれるものでも、大手をひろげて流れてくるものに立ちふさがってはいるが、一歩こちらの未来の方から眺めると、いつも背中が見えている按配なのだ。もう一つ言いかえるならば、後向きということは経済の発展を理解しないことだ。それは幕藩体制維持のための基本的政策である農民政策に最もよく現われているが、このことは順次に後章にすすむにしたがってさらに明らかにされよう。

すでに農民の強訴が手ごわく、領主や代官の手にあまりはじめてきている。だから、天狗騒動の場合にも、伊奈半左衛門の処置にみるように、とかく穏便にとりはからう傾向が目立ってきた。しかし、これでは百姓どもを増長さすばかりだと幕府は考えなおして、こんどは強硬手段でのぞむ方針にきりかえた。徒党強訴の禁令をやたらに出している。

しかし、兵力の微弱な御三卿（八代将軍吉宗が将軍に後嗣のないとき、そのうちから出すために、自分の第三子、第四子、長子家重の第二子に、田安・一橋そして清水の三家を立てさせた。これを三卿という。将軍家の家族としてあつかい、尾張・紀伊・水戸の御三家とちがって、藩を立てない）の知行所のようなところでは、百姓の強訴はもてあましたらしい。付近の大小名に応援をもとめても、それがオイソレと間にあわないことはわかっているので、三卿はとくに幕府に頼んで、事件のときは天領の代官に指示を仰ぐようにしてもらっている。

つぎに掲げるのは明和七年四月十六日に村々に立てた高札である。

定

何事によらず、よろしからざる事に、百姓大勢申合せ候を、徒党と唱《とな》へ、徒党して強《し》ひて願ひ事企《くはだ》つるを強訴と云ひ、或は申合せ、村方立除《たちの》き候を、逃散と申《まうし》。前々より御法度《ごはつと》に候条、右類《たぐひ》の儀、これあらば、居村他村に限らず、早々其筋の役所え申出べし。御褒美として、

徒党の訴人　銀百枚。
強訴の訴人　同断。
逃散の訴人　同断。

右之通下され、その品により帯刀苗字も御免あるべき間、たとへ一旦同類に成るとも、発《はつ》言《ごん》致候ものゝ名前申出に於ては、その科《とが》を許され、御褒美下さるべし。

一　右類訴人致す者なく、村々騒立候節、村内の者を差押へ、徒党に加らせず、壱人も差し出さゞる村方これあらば、村役人にても、百姓にても、重《お》もに取鎮め候ものは、御褒美銀下され、帯刀苗字御免、さしつゞきしづめ候もの共も、これあらば、それ〴〵御褒美下しおかるべき者也。

明和七年四月　奉行

右之通、御料は御代官、私領は領主地頭より、村々え相触《あいふれ》、高札《たかふだ》相建有レ之村方は、高札

に認《したため》相建可レ申候

明和五（一七六八）年には天領の佐渡に一揆がおこり、このときは佐渡奉行と島回り役人が農民にひっとらえられて、あげくには焼き殺されるという椿事さえおこった。

こんな有様だから、謀反もさることながら、幕府は百姓一揆対策にほとほと頭をなやましている。密告を奨励し、褒美で釣る。諸藩とちがって、天領では、苗字帯刀御免の恩典をもらえるということは、よほどの功績でもなければ望めることではなかったが、ここで幕府が苗字帯刀御免のエサで百姓を釣っているところなど、その気合の入れかたがわかるではないか。

5　田沼時代の再検討

八代将軍吉宗は側近政治をやめて将軍親政を旗印の一つにした。また、いろいろの改革も要するに幕府の財政を建てなおしたいためばかりだった。ところが、彼の後を継いだのが、情ないことには「小便公方」家重だった。

廃人同様の家重は自分の「通訳」大岡忠光を重用したから、彼に権勢があつまって、側用人政治がたちまち復活したのは不思議はない。権勢があつまると政治は贈収賄で左右される。秩序機構はみだれる。財政もやりっぱなしになる。こうして、吉宗がやっとの思いで黒字にもどした幕府の財政も、またまた赤字に逆戻りしてしまった。なんのことはない御破算である。

ところで、側用人大岡忠光あっての将軍家重だが、忠光が宝暦十（一七六〇）年に病気で辞めてしまうと、小便公方は口をパクパクするだけで手も足も出ない。そこで将軍職を長男家治にゆずった。

十代家治は祖父吉宗が幼時から大いに期待をかけていた人物だった。肥前平戸《ひらど》藩主松浦《まつら》静山の随筆『甲子夜話《かっしやわ》』につぎのような話がある。

家治が幼い時のことだ。祖父の吉宗のそばで、畳の上に紙をひろげ、習字をしていた。草書体で竜という字を書いていたのだが、筆の勢いがあまりよすぎて、紙に字がいっぱいになってしまい、最後の点をうつところがなくなってしまった。吉宗が、「どうするかな」と横目で見ていると、エイッとばかり、最後の点を紙のわきの畳のうえに打ったのである。これも見かたによっては画竜点睛かもしれない。

「ヤヨ、天晴れ、天晴れ！」

吉宗は手をうって喜んだそうだ。「げに天下を知ろし玉ふべき若君なり」というわけだ。

われわれから見ると、なにも大袈裟に感心したり喜んだりするほどのことはないつまらぬ話だが、家重が頼りないので、家治のやることなすこと、お祖父《じい》ちゃんとしては嬉しくてたまらないほど可愛くもあるし、期待もかけていたものだろう。

しかし、これはどうも吉宗のメガネちがいだったらしい。畳のうえに墨クログロと点をうったのは、面倒臭がり屋のただの我儘だったのかもしれない。字がハミ出したのも、どこか神経がいびつだったから釣合いがとれなかったのかもしれない。

やがて家治は、神経質な面と妙に投げやりな面とを同時にもった性格をあらわしはじめた。

だいいち、老中と長いこと話をするのが嫌いというのだから、将軍としては失格だ。着物も着せられたら着せられっぱなし、前がはだけようが帯がとけようが我れ関せずのだらしなさ。いささか性格破産者的なところがある。

老中と話すのを将軍が面倒がるなら、側近者が御用部屋との間にたって、なにくれと処理しなければならない。

このとき側近のあいだからメキメキ頭を出してきたのが、目から鼻へぬけるような才気煥発の男、彼の名は田沼意次《おきつぐ》。

意次の父は田沼意行といって、紀州藩の臣。吉宗がまだ紀州にいて主税頭《ちからのかみ》といっていたころから召使われていた。足軽だったともいう。吉宗が将軍になるとき、意行も従って江戸に出、旗本に加えられた。小姓、小納戸頭《こなんどがしら》までつとめたが、享保十九（一七三四）年に死んだ。

意次は十六の時に父に死別したが、そのときすでに西丸小姓として家重につかえていた。翌享保二十年に家を継いで六百石だった。それから後、彼が一万石の大名の列にはいったところまでは、将軍家重の「通訳」大岡忠光の出世と比較しながら、先きに書いた。それから、明和四（一七六七）年七月に側用人となり、従四位下、遠州（静岡県）相良《さがら》で二万石の城持ち大名になった。同六年八月には老中格、さらに三年後の安永元（一七七二）年正月には老中となって三万石。まさにトントン拍子である。そののちもだんだん加増されて五万七千石にまでなった。

後年、意次の子の田沼山城守意知《おきとも》が江戸殿中から退出しようとしているとき、佐野善左衛門政言《まさこと》という旗本に斬られて、間もなく死ぬ。これが田沼意次失脚の因ともなるのだが、その時が天明四（一七八四）年三月、父意次は当代実力第一の老中、子意知は若年寄だったのだから、それまでの田沼の権勢は想像がつくだろう。田沼時代二十年！

しかし、田沼意次は成上り者だった。父親は紀州の足軽あがりだ。小身の出身だから人心の機微を察し下情に通じている。苦労してきているから、相手のカンドコロをつかむのも早いし、うまい。そこで彼は実行した。

彼が政界に不動の地位を獲得するために、まずなさねばならぬことは、将軍の信任を得ることだ。そして、これには成功した。つぎには将軍をさえ動かす大奥の女性たちを自分の味方につけておかねばならない。そこで、彼は将軍家治の愛妾の知りあいである女を自分の妾にした。そして彼女にときどき大奥を訪ねさせて、ご機嫌をとりむすばせたが、もちろん、そのときには侍女婢妾にいたるまで沢山の贈り物をした。ワイロで大奥を懐柔したのだ。最後に田沼は権門諸家との婚姻政策によって自家の勢力をかためたばかりでなく、幕府の要職や官位をのぞむ大名・旗本を斡旋してやって、恩を売った。もちろん、彼らから大いにワイロをとった。この後すぐに寛政の改革をおこなう松平定信（彼は吉宗の子田安宗武の子だから、吉宗の孫にあたるわけだ。白河城主松平越中守定邦の養子になった）でさえ、溜間詰《たまりのまづめ》になるためには、田沼意次に贈賄しているほどだ。

田沼意次がいよいよ幕閣唯一の実力者にのしあがってからは、彼の屋敷には幕府の役職にありつこうとする大名や旗本、利権をねらう大町人などが押しかけた。その状景がものすごい。

『甲子夜話』の平戸藩主松浦静山もご多分にもれず、田沼のところへ御機嫌うかがいにいった一人だが、そのときの模様をつぎのように書いている。

「先年、田沼氏が老中で、さかんな頃だった。自分は二十《はたち》ばかりで、人なみにこれから大いに志を得たいと思っていたから、しばしば田沼邸に行った。主人に会うことができた。その部屋は三十余畳も敷けそうなところだった。ほかの老中の座敷は、だいたい一列にならんで、障子をうしろにしてすわるのがふつうなのに、田沼の座敷は、両側にならび、それでもならびきれないので、その余った人たちは、中間に幾列にもならぶ。それでも人があまるので、その人たちは下座に横にならび、さらにはみ出して座敷の外にもならんでいる有様だ。その人たちときたら、主人が出てきても顔は見えない。どんなに訪問客が多いか、これでもわかるだろう。

さて、主人が出てきて客と会うときも、よその家だと、主人はよほど客とはなれてすわって挨拶するが、田沼邸では人が座敷にあふれているから、主人の二三尺まえまで客がひしめいている。そのため主客とも顔と顔がぶつからんばかりだ。繁昌といえば繁昌だが、なんとも礼儀もなにもないような有様だ。

ところで、訪問客の刀は、腰からはずして座敷の外におくものだが、このように多人数のことだから、つぎの間には幾十腰ともしれない刀がならんでいて、まるで海波をえがいたのを見るような趣だった」

これらが、みな、思いをこらしたワイロを持ってゆくのだから、まさに壮観である。しかも、人によっては毎日、それどころか、一日に二回も三回も行ったものがあるということだ。

ワイロこそ「忠」のはじめ

その当時は、仲秋観月の宴が上級武士階級のあいだでは盛大におこなわれた。そして、その日には主客でたがいに贈物をする習慣だったが、ほとんどが下心のある贈物だから、なかなか金をかけたのである。

彦根侯井伊直幸《なおゆき》が、大老職にありつきたいばかりに、田沼邸の観月の宴にあたっておくった贈物は、後世まで語り草になったほど、実にきばったものだった。『徳川太平記』によると、「九尺四方ばかりの石台のなかに、小さな庵《いおり》が建ててある。その屋根は小判で葺《ふ》かれ、室内の窓、扉、板壁など、すっかり金銀箔で飾られていた。庭には据石敷石みな豆銀がまかれてい、ここかしこには、ススキが幾株か植えてあった。そのススキの下には、銀鎖でつないだ生きた猪の子がうずくまっている。すなわち、これは山家の秋景を模してつくられたものだという」

こんな有様だから、田沼邸にないものはなかった。あるとき、意次の子の意知《おきとも》に、ある人がお世辞をいった。

「ご盛大なことでござる。お家には古今の名器珍宝、一つとして無いものはございますまい。いつか目の保養に拝ましていただきたいものでござる」

そのとき、ちょうど居合わせた羽州山形侯の息子が口をはさんだ。

「いかさま!」そこで、ちょっと皮肉ったらしい目まぜをして言いたした。「しかし、戦場の血がついた武具だけはお持ちあわせがござるまいのう」

先祖が先祖だから……と言いたいところは我慢した。武勲も家柄もない成上り者め! あきらかに、その口吻からは読みとれたことだろう。あるいは、山形侯のヤキモチを意知はせせら笑ったかもしれない。そこまで書いてないのでそのへんのところは想像するしかない。

田沼意次が自分の干支《えと》から縁起をかついで馬を好きだという噂がつたわると、持ちこんでくる贈物が、刀の金具から掛物屏風にいたるまで、名工の作った馬の形のあるものばかりという有様だった。

そればかりではない。中国やオランダの商人までが、こんなことを貿易商仲間で言いだした。

「日本では七曜の模様のついたものなら、バカ高く売れるぞ」

そして、織物、着物の類には、なんでもかんでも、その模様をつけてやってきはじめた。それというのは、田沼の家紋が七曜だったからだというわけだ。田沼へ贈るワイロが、貿易品にまで影響をあたえたというのだからソラ恐ろしいほどだ。

田沼の一顰一笑をみて、大大名から小旗本までが一喜一憂したのだ。田沼の歓心をかうためにのみ、彼らは二六時ちゅう想いをねったことだろう。まるで、それだけが仕事になったようなものだ。ある家から田沼へ贈った中秋の進物《しんもつ》の一例をみよう。

小さな青竹の籠に、ピチピチした大キスが七八尾、野菜が少々あしらってあり、それに青柚《ゆ》子《ず》が一つつけてある。ところが、それからの細工が凝《つか》っている。その柚子には、後藤某という当時有名な彫金師が刻った萩すすきの模様のある柄のついた小刀が、刺してあった。もちろん、天下の逸品で、数十両もする高価なものだという。

まだ、あるのだ。田沼の下屋敷が稲荷堀にできあがったので、意次はそれを見にやってきた。

そのとき、座敷から庭をうち眺めていたが、ふと、池の面を見やりながらつぶやいた。

「うむ、なにやら物たりぬと思うた。そうじゃ、鯉《こい》や鮒《ふな》でもおよいでおればのう……」

ところが、彼がその日下城して屋敷にかえってみると、池のおもてには真鯉緋鯉《まごいひごい》が跳ねていたというのである。

また、ある夏、田沼が暑気あたりで寝ているということがつたわった。それッとばかり、使者が田沼邸にとんで、そっと彼の家来に聞いたものだ。

「ご老中をお慰めいたしたいが、日頃、どのようなものを愛玩いたしておらるるか、お洩らし願わしゅう存ずるが……」

「さよう……」家来はつぶやいた。「ただいま、御枕頭に岩石菖《いわせきしょう》をお置きあそばされてござるな」

それがつたわったから、「それッ、岩石菖なるぞ！」とばかり、二三日のうちに、岩石菖が持ちこまれること持ちこまれること、なんと、大きな座敷二間に、岩石菖の鉢が足の踏み場もないほどビッシリならんでしまったという。

田沼意次のワイロの問屋ぶりをならべたが、もう一つのデラックス版。

あるとき、田沼のところへ「御人形」と上書《うわがき》した大きな箱がとどいた。あけてビックリ玉手箱。箱の中から出てきたのは、紅おしろいで化粧して美々しく着飾った目をあざむくばかりの生きた美人だった。ある男が田沼の歓心を得ようとして、わざわざ京から芸妓を買いとって、これを人形箱に入れて贈ったのだ。生ける京人形の進物というわけである。

こういう次第だから、ついに役職につくために贈るワイロの相場まできまっていたといわれる。すなわち、長崎奉行になるには二千両、御目附は千両といわれた。『五月雨草紙』から、そのへんを引用してみよう。

「天明安永の頃は田沼侯執政にて、権門賄賂の甚しく行はれて、賢愚を問はず、風潮一に此に趣きたるが、其折には長崎奉行は二千両、御目附は千両といふ賄賂の相場立ちしと申す位なり。此時吉原町にまゝごとゝいふ音信物を調ふる家ありし由。是は五尺程の押入小棚様の物出来、其中に飲食物吸物さしみ口取、其外種々の種料より庖丁俎板迄も仕込みあり。花月の夜雨雪の窓に開けば、忽ち座を賑はす為め、権家へ送与して媚を取るの具なるが、大抵七八両位より十四五両迄の直段なりし由、ある老人の話に承はりたり」

後段の話は、まさにインスタントのはしりみたいなもので、うらやましいくらい便利なものである。ついでに、おなじ『五月雨草紙』から。

田沼の妾は、もと彼が小禄のとき、ある楊弓場《ようきゅうば》に出ていた女に目をつけて入れたものだが、そういうときの習慣で、千賀道有《ちがどうゆう》という男を仮親《かりおや》にした。この縁で、道有はしがない監獄医師だったのが、俄然召し出されて、侍医《じい》法眼《ほうげん》に命ぜられ、大いに威勢がよくなった。浜町に二千坪ほどの屋敷を買い、家の造り、庭園の模様は、まさに華美をきわめた。たとえば、夏に納涼の宴などもよおす座敷は、天井はガラス張り、しかも、その中に水がたたえてあって金魚がおよぎまわっているといった仕掛けである。これなら涼しいかもしれない。頭の上に水族館があるような具合だ。だから、田沼の妾が宿さがりして、この仮親の道有の屋敷へ身を寄せたと聞くと、諸大名はあらそって、ここへ美味珍品を贈りとどけて、さしもの屋敷がいっぱいになるほどだったそうだ。たかが監獄のヤブ医者あがりも、田沼の威をかりたおかげで、なんと町屋敷を十八カ所も持っていたと伝えられている。大変なものである。

まず、親分の田沼意次が公然と収賄すること、この調子だから、その腹心の勘定奉行松本伊豆守秀持、赤井越前守忠晶なども大ぴらで収賄し、豪勢な生活をした。けっして千賀道有にひけはとっていないのだ。とくに、松本伊豆守については、こんな話がつたわっている。

夏になると、伊豆守は自分の寝所から左右の部屋部屋を打ちとおしに蚊帳《かや》を吊り、その部屋ごとに妾を寝せておいて、夜中に彼女たちのだれかに用事ができたときには、どこの部屋に行くにも一つ蚊帳の中にいると同じ具合に趣向をこらしてあったそうだ。「なるほど」と唸る向きもあろうかと思われる。これも大変である。

松本伊豆守の子供は神経質で、いわゆる疳症だったので、屋根をたたく雨の音にも、ときには疳を高ぶらせた。そこで、伊豆守は屋根の上に柵をつくり、それに天幕を張りわたして、雨の音をさえぎる工夫をしてやったということだ。親心も極まったというべきだろう。

自由のいぶき

贈収賄はいまや公然の政治行動であった。

「役人の子はにぎにぎをよくおぼえ」とか「さまざまに扇をつかふ奉行職」などと、江戸市民は得意の川柳で田沼政治を諷したが、ご本尊の田沼意次は悠々と聞き流したことだろう。田沼はじつにはっきりワリキッテいる。『江都見聞集』に聞こう。

「主殿頭《とのものかみ》（意次）常に云《いへ》るは、金銀は、人々命にもかへがたき程の宝なり。其宝を贈りても、御奉公いたし度《たし》と願ふほどの人なれば、其志上《かみ》に忠なること明《あきらか》なり。志の厚薄は、音信《いんしん》の多少にあらはるべしといへり。

又云《いへ》るは、予日々登城して、国家の為に苦労して、一刻も安き心なし、只退朝の時、我邸の長廊下に、諸家の音物《いんもつ》おびたゞしく積置たるを見るのみ、意を慰《ゐ》するに足れりといへるとぞ」

じっさいに田沼意次がこう言ったかどうかわからない。おそらく彼の肚の中を想像して書いたのだろう。田沼がワリキッテいたというのは、これと意味がちがう。彼の中にこれまでの武士階級に見られる「賤貨思想《せんか》」が見られないということだ。「武士は食わねど高楊子」式のヤセ我慢がない。ひと口に言えば、彼は権力の舟にのって黄金の風をはらみ、時代の流れをくだった「現実主義者」だ。彼はワイロをわりきっているように、彼の施策も貨幣というものをわりきってドシドシ実行されてゆく。これはひとりの田沼意次の性格や趣味や欲望のためではなく、原因は元禄から吉宗の享保時代をとおって、いよいよ成長してきた商品貨幣経済のためだと見るのが正しいようだ。

吉宗の「享保の改革」と松平定信の「寛政の改革」のあいだにある田沼時代を、ワイロ公行、腐敗堕落の暗黒時代と呼び、その責任のぜんぶを田沼意次意知父子の放漫政策におしつけてしまうのは、気の毒——というより、まちがっている。

田沼とワイロとはどんな意味があったろうか。津田秀夫氏の説が妥当だろう。すなわち、「封建社会にあっては、その社会的秩序である格式門閥の鉄壁を破って封建的な政治倫理に拘束されないような社会行動ができるためには賄賂が最も安易で手近な道であったからである。すなわち、賄賂政治を媒介にして、一層政治家と共存し得るように商人層の成長が可能になったことを示すのである。田沼時代の政治として腐敗と堕落という形で悪評された賄賂政治の意義は商業資本と共存しなくては成立しえなくなった幕府の権力の在り方を示すに過ぎないのである」(『日本人物史大系』第四巻の内「徳川吉宗と田沼意次」津田秀夫)。

その意味で、田沼意次は徳川封建制下、しかも幕府の中枢に出現した型破りの自由人だった。彼はほとんどなんらの躊躇もなく商業資本と積極的に手をにぎって彼の政治をおしすすめていった。

家柄だの格式だの七面倒に四角張らない田沼は、だれでも近づけた。わりに気軽に会った。一方からは士風を頽廃させたと攻撃されながら、また一方では、野心に燃える大名、旗本、町人、素性の知れない浪人ものまであつまった。田沼の身辺をつつむものは、なんとなく混沌としている。山師的なにおいもする。しかし、どことなく溌剌としている。自由らしさがある。そして、可能性をおもわす空気が漂っているのだ。

蘭学者で物産家(博物学者)の平賀源内、『赤蝦夷《あかえぞ》風説考《ふうせつこう》』の著者で仙台藩の医者工藤平助、その他あれこれの男たちは、どこか山師的要素があるが、また近代的な自由も感じさせるなにかをもっている。やはり田沼時代でなければ生きられなかった人たちであろう。

6　田沼の運上政策

田沼意次のおこなった諸政策についてみよう。殖産興業政策にしろ、貿易政策にしろ、はたまた、吉宗の計画していた下総《しもうさ》の印旛《いんば》沼と手賀《てが》沼の干拓事業を田沼が受けついで、江戸大坂の大町人の出資で完成しようとしたこと（これは結果的には失敗だったが）など、一言にしていえば、どれを見ても積極的かつ進歩的なものだと評することができる。ただ残念なことには、いささか放漫のきらいがある。そのうえ、ワイロとか、いまでいう圧力団体の請願とかで、政策が左右されたところが多分にある。

当時の世相を諷した落首に、つぎのようなものがある。

「世にあふは道楽者に奢者《おごりもの》、ころび芸者に山師、運上《うんじゃう》。世にあはぬ武芸、学問、御番衆、ただ慇懃《いんぎん》に律儀なる人」

では、田沼の「運上」政策とはどんなものだったか（運上とか冥加《みょうが》というのは、はやく言えば、江戸時代の税金だ。雑税の一種で、農業外の諸営業にしたがうものに掛けられる。一定の税率によってかけられるものが運上。営業上の免許にたいして上納する税率のないものを冥加といった。冥加はこちらからお礼に上納する恰好だが、税金にはちがいない）。

もともと幕府の一貫してきた政策として、武士はもちろん百姓町人でも、徒党がましく彼らが一つにかたまって力を持つことを極端にきらった。だから町人の同業組合のようなものも、なかなか認めたがらなかったのだが、彼らの経済的成長はそんなことでは抑えられなくなっていたから、享保時代にもいくつか公認されていた。

これまでは、だいたいそのような方針だったのだが、田沼は商工業者の株仲間（商取引の独占のためにつくった同業者の仲間）を積極的に公認して、そこから、運上金や冥加金をとる政策をうち出した。江戸の日常必需品はほとんど大坂で集荷されたものが、菱垣《ひがき》回船や樽回船で運ばれてくるが、この江戸での荷受問屋を十組《とくみ》問屋といい、大坂の積出問屋を二十四組問屋といって、ともに株仲間だ。この各組からは毎年百両ずつの冥加金をとった。

このころには、農村では、綿、煙草、菜種、藍《あい》などの商品作物の栽培が相当ひろくおこなわれるようになっておったり、養蚕も副業としてすすんでおったから、これと取引きする商人も多くなっていたわけだ。田沼はこれら在郷町や農村の新興商人層にも大幅に株仲間を公認したから、天明年間（一七八一〜一七八八）には百三十もの業種にのぼった。

これには、特権をあたえて、そのかわりにウンと冥加金を吸いあげようという狙いのほかに、矛盾しているようだが、吉宗以来の農村の商品生産を統制しようという意図もあったわけだ。

彼はまた専売からの収入をはかった。鉱産物の増産、資源開発もそのためだ。資源開発でもっとも力を入れたのは銅の採掘だった。これは後章で書くが、これが当時長崎における大切な貿易品だったからだ。明和三（一七六六）年六月には、

「近年諸山出銅不進の上、一体銅方不取締に付、此度大坂表に有レ之、長崎銅会所を改《あらため》、銅座に申付、諸山之出銅一手に引請《ひきうけ》させ候間」云々と気合をかけて、銅座をおき、銅の専売制を実施した。

ついで、銀、鉄、真鍮座など設け、また、朱座、人参座、竜脳座、明礬《みょうばん》会所などとひろがり、さらに専売制は石灰と油などにもおよんだ。

徹底した運上政策のあらわれが、「かくし売女《ばいた》」すなわち私娼にも運上をかけた事実でもわかる。吉宗は私娼の巣窟である岡場所をきびしく取締ったが、田沼は運上金さえ上納すれば許可したのである。だから江戸ではあちこちに赤線青線区域がふえて、公娼の本家吉原から営業妨害になると苦情が出たほどの繁昌ぶりだった。

7 密貿易

鎖国政策はきびしく励行されてはいたが、いくら厳重に取締っても、四面海の日本である。おまけに諸藩割拠の封建制度下だ。その気になれば、幕府の目をかすめて、大いに密貿易のあまい利を得ることができる。

問題は勇気だ。幕府に咎められれば、代々のお家は取りつぶされ、領地は召上げられる。勇気といったが、せっぱ詰った大決心の踏んぎりかもしれない。破れかぶれの大冒険も、やらずにはおれなくなるほど、藩の財政が困ってきて、手を拱いていては破産してしまうとなっては、ついに密貿易をやりはじめる。

この点では、西南方面の諸藩は地の利を得ていた。薩摩は琉球を足場に大いに稼いで藩財政の建てなおしに大きな力となった。長州も密貿易で新式戦備をととのえて、後年には長州征伐の幕軍を破った。

田沼意次、意知父子は開国論者だったようだ。当時としては、しかも老中あるいは若年寄という幕閣の要人としては、たいへんな識見である。

オランダ人チチングが書いているのだが、幕府は外国人を自由に日本国内に入れても別に差し障りはないばかりか、彼らが来ることによって、優秀な科学技術を導入することができると考えはじめていた。若年寄松平摂津守忠恒の建議によって、田沼意次は明和六（一七六九）年に、それまで禁制だった大船の建造を許し、外国との交通をひらき、外国人の渡来を歓迎しようとした——というのだ。

これがチチングの言うとおりなら、田沼意次はまさに異才である。ところが、松平摂津守の死によって、計画は頓挫してしまった。なお、若年寄田沼山城守意知も、父におとらぬ進歩主義者で、大いに開国のことをはかっていたのだが、これも殿中で殺されたために、残念ながら、ついに開国のことは沙汰止みになってしまった。

田沼はつぎつぎと積極政策をうちだして気の小さい人間どもを瞠目させているが、チチングの書くところが、まんざらウソでなさそうなことは、ロシヤとの貿易と蝦夷地開拓のことを計画し実行にうつしかけたのを見れば、さもあったろうと合点がゆく。

だが、これを書くまえに、当時の密貿易、いわゆる抜荷買《ぬけにか》いが、どのように取締られ、どのように行われたかを、一つの挿話によって見てみよう。

国禁の抜荷買いは捕えられれば、もちろん死罪だ。しかし、その利は莫大だ。十両盗んでも死罪になるときにはなる。それなら、男一匹、いのちをかけるだけの値うちのあるのは、抜荷買いの方ではないか。山ッ気十分だった平賀源内も長崎でちょっと手を出してみたくなったふしも見える。

つぎの話は吉宗時代の享保五（一七二〇）年夏の話だ。
吉宗は享保十八（一七三三）年にオランダ貿易額を銀一、一〇〇貫に減じ、三年後の元文元（一七三六）年には長崎貿易の中国船数を年間二十五隻に制限した。吉宗は長崎貿易を制限し、何度も密貿易の取締りを西南諸藩に命じているが、逆に抜荷買いはますますさかんになったようだ。

この年、抜荷買いとして指名手配中だった大物の先生金右衛門《しゃんすい》、播磨屋又兵衛、久保甚左衛門という三人が大坂で捕まった。大坂町奉行から江戸にその報告が来た。そのなかに、三人の犯人の言うところが書き添えてある。

「わたくしどもは唐船相手に抜荷買いをやっておりましたが、唐船の首魁を捕まえてしまいましたら、彼らの方から日本近海へやってくることはなくなりましょう。わたくしどもはその男を知っております」

先生《しゃんすい》金右衛門はその名の示すとおり、長門の生まれでありながら、中国まで何度も往ったり来たり、その道の親分だから、幕府も考えた。そして、番頭《ばんがしら》野崎要人《かなめ》を派遣することに決した。野崎要人は密命をうけて大坂へくると、町奉行から彼ら三犯人を受けとって、一路九州小倉へ向かったのである。もちろん、金右衛門たちを利用するつもりだ。

小倉について待っていた。七月八日の夜になった。

「唐船らしきもの、沖にあらわれましたぞ」

警戒船から注進がきた。

「よいか、さとられるでないぞ、金右衛門。不心得をおこさば、そのばで討ちはたす。もし、唐人どもを召しとらば、これまでの罪は問われぬのみか、恩賞も思いのままじゃ。よいな」

言いふくめられて、金右衛門と又兵衛は小舟にのって、いかにも忍んできたという恰好で、沖の唐船へ漕ぎよせた。ぴたりと着くと、下から声をかけた。れいの通り抜荷買いがいたしたいと申入れたわけだ。

ところが、中国人たちも用心して、なかなかウンと言わない。梯子もおろしてくれない。押問答をやっているうちに、唐船の主《おも》だった者たちが出てきて、上からじっと見ていたが、「なんだ、金右衛門ではないか」

顔を知っていたのだ。こうなると話は簡単である。すぐ梯子がおろされた。金右衛門たちはするすると唐船へ乗りうつった。相手はすっかり信用しているふうだ。金右衛門と又兵衛もなれたもので、船内の品物をあれこれと見てから、買受ける約束のものに指札《さしふだ》をした。十日の夜、金をもって受取りにくるからと言いおいて、その夜は引あげたのである。

いよいよ約束の十日の夜になった。手筈にしたがって、金右衛門と又兵衛は二艘のやや大形の船を用意した。おのおのの船底には、物頭《ものがしら》と足軽を伏せてある。そしてなに食わぬ態で唐船へ漕ぎ寄せていった。

「おい、梯子をたのむぜ」

金右衛門が唐船の物見へそっと声をかけた。さすがに用心深く、唐船の物見はすぐには梯子をおろしてくれない。四五人が上から日本船を疑わしそうにのぞいている。

「日本人の人数は先夜の約束どおりだろうな。そこに見えるのは、先生《しゃんすい》、播磨屋、久保、それから船頭の四人にちがいなかろうな」

「そのとおりじゃ」金右衛門がこたえた、「疑うなら降りて検分にこい。いつもより荷物が多いから、わざわざ大きい船を用意してきたのじゃ。ほれ、金はこのとおりじゃ」

金右衛門は唐船へ財布を投げあげた。それで、どうやら唐船の物見頭も安心したらしい。

「梯子をおろしてやれ」

梯子が二筋するすると舷を降りてきた。

「折角《せっかく》空曇り月も山の端《は》に隠れければ」と、『通航一覧』には、このへんは、都合よく書いてある。

待っていましたとばかり、船底にかくれていた足軽たちは飛びおきた。時をうつさず用意の三梃の大梯子を唐船にうちかけ、われさきにと乗りうつりはじめた。

「はかられたぞ!」

たちまち唐船の中は大さわぎになったが、彼らも必死だ。まっさきに飛びこんできた足軽二人は斬りつけられて重傷をおったが、あとからあとから足軽たちが乗りうつってきたので、とうとう中国人たちは降参してしまった。生捕りの唐人五十二人。そのうち頭分と思われるものが三人。みんな小倉城へつれていって、のち江戸からの下知で奉行所へわたされたという。

これは抜荷買いに手を焼いた幕府が、毒をもって毒を制そうとした苦肉策の一つだった。

このときの先生金右衛門以下三人は、この功で罪を許されたばかりか、「十人扶持づつ被レ下、家財も下され候」とある。

もう一つ、唐船を利用して、逆に日本人の抜荷買いをつかまえた話も付けくわえておこう。

享保十乙巳年

一正月廿八日、四番伊敬心船、並二月三日、五番呉子明船入津、夜中抜買の者本船に来しに、両船主共に曾て同意せず搦捕《からめとらえ》んとせし処、四番船にては其者海中に飛入しを、衣類を剝取り、五番船にては直に其者を捕て番船に相届る。翌日被レ遂二御僉儀《ごせんぎ》一逃去し者も相知れ、二人共に入牢被二仰付一。仍て四月廿四日、両船主に為二御褒美一白銀百枚宛下し給る

しかし、抜荷買いは西南方面ばかりではなかった。東北方面でも相当おこなわれていたが、その相手は当然ロシヤであった。

当時ロシヤはシベリヤ、カムチャツカを経て千島に進出していた。そして、ロシヤとの密貿易は相当さかんだったようだ。

安永六（一七七七）年（――この前年アメリカは独立宣言をした）に、ロシヤ人が択捉《エトロフ》にきてラッコをつかまえていたが、島人が、そのうちの二人を打ち殺した。そこで松前藩から役人が出張して調べたところ、ロシヤ人は案内もなしにやってきたのだから、咎められても仕方はない。しかし、これから通商を許可してほしい。自分たちのほしいのは、食料や酒や煙草だ。それを売ってくれれば、なんでも持ってくるが、正式に交易の許可をしてくれまいか、とはな

はだおとなしく出た。だが、結局、これは拒絶している。

翌安永七（一七七八）年には、猩々緋《しょうじょうひ》、緞子《どんす》、更紗《さらさ》の織物、砂糖、陶磁器など積んだ露船が国後《くなしり》にきて貿易を請うたが、松前藩の役人は、貿易は長崎一港にかぎられているから、そちらへ行けと指図して、後日これを幕府に報告した。

しかし、すぐに想像されるように、これは松前藩からの幕府への表向きの報告にちがいない。密貿易はまえからやっていたのを黙認していた形跡がある。とくに、御用商人の須原屋角兵衛、飛驒屋久兵衛などと腹をあわせて、国後付近でロシヤ人と取引し、これを大坂方面へ直送して売りさばいていたようだ。

大坂商人の中には、ロシヤ人相手の密貿易を知っていて、ひそかに単身千島方面まで出かけて抜荷買いをやっていたものもある。その利益が莫大だったからだ。たとえば、わずか一、二両の米と酒をもっていって、大坂でさばけば、百両にもなる商品と交換できるというから、北海の荒天もなんのその、命がけで行く気になるのも当然だ。

田沼、開国を意図する

さきに『赤蝦夷風説考』の著者として、ちょっと名前の出た工藤平助は、この秘密を松前藩の浪人湊源左衛門という男から聞きこんで、赤蝦夷すなわちロシヤ人についての知識を得たのだ。やがて天明三（一七八三）年には『赤蝦夷風説考』が書きあがり、勘定奉行松本伊豆守秀持の手を通じて、老中田沼意次の目にとまった。

『赤蝦夷風説考』は上下二巻からなっている。それによると、ロシヤが漸次東方に版図を拡大し、漂流の日本人を撫育し、日本語さえ研究している。すでに日本の地勢なども詳《つまび》らかにしている状勢だ。はやく要害をかためなければならない。ここに国防の第一声を放っているわけだ。つぎに、抜荷を禁じなければならないが、いくら抜荷を厳重に取締り厳罰をもってのぞんでも、かえって抜荷の手段は巧妙になるばかりだろう。それなら、いっそロシヤと公然と貿易し、相手の人情風俗、国情を知ってはどうか。そして、貿易の利益によって、蝦夷地を開発するのが得策だ。これまた、開国の第一声というわけである。

　田沼意次はこの工藤平助の意見を採用し、天明五（一七八五）年には、田沼の命をうけて普請役山口鉄五郎以下数十人が、千島から樺太方面に出かけ探検調査している。その結果にしたがって勘定奉行松本伊豆守は天明六（一七八六）年二月、田沼に蝦夷地開発についての意見書を提出している。

「本蝦夷地周辺七百里之内。
一　平均凡長五拾里、横五拾里、但三拾六町一里の積り。
右十分一　百拾六万六千四百町歩　新田畑開発可㆓相成㆒積。
此高凡積五百八拾三万二千石　但壱反に付五斗代《がえ》の積り。
但諸国古田之石盛《こくもり》は、田畑平均凡壱反一石之積にも相当り可㆑申哉《か》、右半減之積りを以如㆑斯。
外九分通は、山川湖溏磯辺等開発不㆓相成㆒積りにて除㆑之」

　右を見てわかることだが、実際の北海道の面積より少し大きくなっているが、当時の測量技術からすれば、だいたいの見当をあやまっていないところは見上げたものだ。そして開墾可能地の面積を一割と見、収穫はふつうの半分とふんでいるあたり、相当に正確だ。

この勘定奉行松本伊豆守は、自分の部屋から妾たちの部屋に通しの蚊帳をはり、蚊にさされずに気の向くまま、四通八達、自由自在にかよえるように工夫した突拍子もなくエネルギッシュな男だが、その話は本当にしろ噂だけにしろ、まんざらその方面ばかりに精力をつかってばかりいた男ではないこともわかる。見直してやっていい。

さて、松本伊豆守の意見書のなかで注目したいことがある。それは、この北海道開拓のために諸国の特殊部落いわゆる穢多を集めて移住させようと建策していることだ。

そのために、まず江戸浅草にいた関東の穢多の総支配頭矢野弾左衛門を呼び出して、蝦夷地ということは言わないで、部落民をつれていって新田開発をやる気はないかときいた。弾左衛門はこの話にすぐに飛びついた。当時彼が支配しているのは、武蔵、上野《こうずけ》、安房《あわ》、上総《かずさ》、下総《しもうさ》、伊豆、相模、下野《しもつけ》、常陸《ひたち》、陸奥《むつ》、甲斐、駿河の部落民だが、その人別高三万三千人余あるうちから七千人ほどは移住できると答えた。しかし、それだけでは幕府の思惑に足りない。諸国にいる部落民はぜんぶがぜんぶ弾左衛門の支配下にあるというわけではない。関西諸国の総支配は京都に下村勝助がいる。だが、これまでにも、仲間掟など弾左衛門から申しつたえた慣例もあることだし、こんどはあらためて弾左衛門に全国的な支配をやらせる方が便利だ。その人数はおよそ二十三万人もあろうが、そのうちから七万人を移住させて、その統領として弾左衛門も蝦夷地へ行かせようということにした。

江戸幕府の身分制度はいまからでは想像もおよばないほど厳しいものだった。武士の封建的支配のために自分たちのためにだけ都合よく作られているのは言うまでもない。農工商穢多非人と人間に勝手な階級をつけ、分裂させ、かつ反目さすことによって、武士階級への風当りをやわらげ、統治をしやすくする仕組であった。その謂われのない人間の貴賤の価値づけが、長いあいだ自然として、あるいは宿命として、被統治者に受けとられていたのだから恐ろしい(この誤った身分観念が現在にまで尾をひいて、いわれのない差別を人間同士のあいだに残しているのだから大変なことだ)。

この差別観は享保のころからきびしくなり、文化文政時代にはいっそうはなはだしくなっていった。当時、部落民の大部分の職業は死牛馬の処理とか皮革細工などであった(もちろん、農業その他の職業についている例もあるにはあるが)。彼らは人間外の人間としてあつかわれ、農村からもほとんど締め出されて、小作にすらなれなかったのだ。穢多非人の称を廃するいわゆる解放令が出たのは、明治四(一八七一)年のことだが、その後も今日まで、本当の意味で解放されていない。彼らがいかに不当な差別を受けていたか、少し参考のために記してみよう。各藩によって、いくらか相違はあるし、穢多を非人より下の身分とした藩もあったが、その取扱いは、とにかく人間として認めたものではない。

穢多の身居《みおり》、棟附帳《むねつけ》、宗門帳は百姓町人と別にすること。穢多部落には穢多頭《えたがしら》をおき、彼らのありさまをこまかく書きあげること。男女七歳からかならず五寸四角の毛皮を胸のところに吊って歩け。家の入口には穢多とすぐわかるように毛皮を下げておけ。女の髪は内分けにかぎる。飾りもつけてはならぬ。山狩人《やまかりゆうど》でも脇差を使ってはならぬ。下駄や傘は雨降りにも用いてはならぬ。芝居見物に多人数ではいってはならぬ。百姓町人とまぎれぬよう必ず雨ざらしの場所にいろ。在方で商売してはならぬ。ただし皮だけはよい。日が暮れてから道を歩いてはならぬ。道を歩くときは真中でなく道のへりを通れ。日笠も用いるな。竿をつかって魚を釣ることはならぬ。武士が魚を釣っているとき、そのそばに寄ってはならぬ。マゲはワラでしか結んではならぬ等々とあげてゆけばキリがない。

彼らが人間としてあつかわれなかった最もよい例は、江戸時代の地図である。たとえば、甲地から乙地まで十里と書いてあったとしても、信用はできない。その道がもし穢多部落を通り抜けていたとしたら、そこの間だけは里程の中にはいっていないからである。だから甲乙地間がじっさいには十一里あるかもしれない。十二里あることだっておこりうるのである。差別といっても、ここまでくれば、人間のなかに入れていないのだから恐ろしいというよりない。

とにかく、こんなひどい待遇をうけている部落民がほとんど全部だから、田畑をやるといわれれば行く先もきかずに飛びつくのはあたりまえだ。ある記録によると、部落民は自分の部落のまわりをわずかに開墾して食糧の足しにしていたようだが、平均して二反前後だったというから、どうして生きていたのか不思議でさえある。

もう一つ、あまりにむごい話を付け加えよう。めずらしく、ある部落民が小作になることができた。やれ嬉しやと喜んだが、人の弱味につけこんだ地主の条件が憎らしい。年貢を十割（誤植ではない）というのだ！　北九州の話である。それでも、部落民は小作になった。彼は地主の庭に土下座してなんども繰りかえした。

「裏作《うらさく》の麦と、藁さえいただければ結構でございます」

それほどまでに、土地を耕す百姓になりたがっていた彼ら！　未開の蝦夷地に天国を夢見たのは当然である。

私は松本伊豆守なり田沼意次が、彼らの進歩的な思想から、部落民の不当な差別を見かねて、北海道に新天地を与えてやろうとしたなどと横車を言いたいのではない。本当は部落民なら生きても死んでも考慮はいらない。どうせ余っている人間以下の奴らだから、人海戦術的に寒冷の北地につぎこんでも、あとはどうにかなるだろうくらいの考えから出た策かもしれない。しかし、もし、これが計画通りに実行され、しかも開拓が成功して（私は彼らの不屈の努力で成功したと信ずるが）、後続の者たちがつぎつぎに送りこまれていたなら、部落民の歴史も、あるいは日本の歴史も、すこしはちがってきたかもしれないと思われる。すくなくとも田沼は身分も家柄も因習も気にしない男だったのだから。いまその想像を推しすすめている余裕はないが、この部落民による蝦夷地開発計画も実行の緒につきながら、田沼の没落によってついに中止されたことは、きわめて残念でならない。

8　吉宗の「米」にたいする田沼の「金」

田沼意次の積極政策の一つを長崎貿易について見てみよう。彼が銅を輸出し（そのために銅山の開発を奨励し、銅座を設けて専売制にした）金銀の輸入を多くしたのは注目される。彼は中国との貿易に銀をつかうことをやめた。銀は当時の国際通貨だ。銀二百貫について、銅三十万斤の相場でわたすことにし、しかも、そのうち銅を七分、「俵物《たわらもの》」を三分とした。俵物というのは、乾し鮑《あわび》とか鱶《ふか》の鰭《ひれ》とか昆布、イリコとか、海産物の俵詰めである。これらは中国料理の材料になるので重要な輸出品だったわけだ。

幕府は熱心に俵物の増産を奨励している。天明五（一七八五）年には長崎に俵物元役所をおき、大坂・函館にはその出張所のような俵物役所をもうけ、買集め人を巡回させ、運上ずきの田沼が運上を免除してまで製造に気合いをいれている。この俵物が幕末まで重要貿易品として大いに外貨獲得に役立ったが、これは田沼意次の功であろう。俵物の増産を躍起になって奨励したのは、それで金銀の輸入をはかったからだ。その輸入した金銀を原料にして新しい貨幣を鋳造したのである。

さきに言った対露貿易計画は田沼の権勢をもってしても、一存ですぐに実現できたかどうか、それはあやしい。鎖国という幕府代々の最重要基本政策を一挙に変えることだから、後の井伊直弼ではないが、田沼意次も頭のかたい連中に殺されたかもしれない。しかし、井伊大老のように追いつめられた開国でなく、みずから開国の夢を田沼はえがいたのである。それは、彼の新しいもの好き、舶来品で屋敷の中をうずめたいという我儘気儘の欲求からだけではなかったのだ。長崎貿易の俵物生産の伸長からみてもわかるように、すでに国内の商品生産と流通が、鎖国で閉じこめられている国内市場だけでは、どうにも狭っ苦しくて仕方がないと感ずるところまできていたのである。溢れ出たがっていたのだ。田沼の夢は、それを感じとっていたから、うまれたのであろう。また、西南に、あるいは北辺に、おさえても禁じても行われる密貿易は、ただ抜荷買いで千金をつかみたいとか、冒険心を満足させたいとかではなく、「やむにやまれぬ資本の衝動」（北島正元『江戸時代』）として理解される。それほど商業資本が成長してきていたのだ。このことは、後章の銭屋五兵衛の話を読んでいただければはっきりするだろう。

幕府が財政困難になると、きまって打つ手が貨幣改鋳と新貨の鋳造だ。改鋳による出目《でめ》（含有金銀の差額）で浮かした儲けで財政の穴埋めをやるのは常套手段だ。

田沼はれいの「俵物」輸出で、中国商人から金銀を輸入することができた。

この輸入した銀で「五匁銀」という貨幣をつくった。江戸時代の貨幣制度はなかなか複雑でちょっと憶えにくいが、ざっと説明しよう。

まず、貨幣にまで身分があったというと驚かれる向きも多かろう。幕府がきめた通貨は「三貨」というが、じつは金銀銅鉄の四種である。さて、この地金の貴賤がそのまま人間にまで当てはめられている。幕府があたえた手当や褒美をみると、一番はっきりしている。金貨はお目《め》見《みえ》以上の大名旗本、銀貨は御家人以下、百姓町人になると銭ということになる。だから、町奉行が町人に罰金を科したばあいの言渡しにも、金何両何分とはいわない、銭何貫といっている。

さて、金貨の話だが、大判は贈答または典礼用だからまず通貨とはいえないので、この話は略そう。金貨には、小判、二分、一分、二朱の四通りがある。二分以下の小金貨を「小粒」という。四進法だから、四朱が一分、四分が一両になる。すなわち、一両は十六朱というわけだ。

銀貨には二朱、一朱、一分の三種がある。しかし、このうち一朱銀は文政十二（一八二九）年六月から天保十（一八三九）年末までで、短期間で姿を消しているから、二朱と一分の二種類と考えていい。

ところで、厄介なことに、銀一両というのは四匁三分であり、金の一両は四匁だ。一両とはいっても、銀一両と金一両と二通りあるわけだ。この銀の十両を「一挺」といい、「丁銀」というのがこれだ。四匁三分が十だから四十三匁になる。ところが、金一両は銀六十匁という法定があったから、丁銀十両四十三匁では金一両にたらない。そこで、豆板とかコマガネとかいろんな呼び方をされていた小さな銀玉をたして六十匁にして包んでおく。銀は一々秤《はかり》にかけねばならなかったのだ。

さきにいったように、小判一枚が金一両。二分判金なら二枚、一分判金なら四枚で小判一枚にかえられる。また二朱判金なら八枚、一朱判金なら十六枚で、小判一枚にかえられる。

これにたいして、銀貨は貫・匁ではかる秤量貨、銭貨は貫文でする秤量貨だ。ところが、いまの観念からすると、はなはだ不可解におもわれようが、銀貨も銭貨も補助貨ではないのだ。独立しているわけだ。だから、各貨幣のあいだに相場が生じた。また江戸は金使い、上方は銀使いという地域的な通用別がおこってくる。

たとえば、銭は下層民のつかうものだから、金《きん》をつかう階級の武士が職人の手間賃をはらうにしても、銭ではらう。そのためには、銭を買ってこなければならない。いろいろ変動もあったが、寛永二年に金一両――銀六十匁――銭四貫という公定ができて、まずそれを中心にして動いていたと考えたらよかろう。

このへんのことを詳しく知りたい人は、三田村鳶魚『江戸生活事典』（稲垣史生編）をみられるとよくわかる。それによると、菜が一把三文、蛤が一升六文だったそうだが、銭相場の変動の如何にかかわらず、れいの辻姫、夜鷹の相場は二十四文で、ずっと長くつづいたそうだ。ついでに「百相場」という言葉をみると、銭百文について米いくらという相場の立て方のことだとある。すなわち、田沼意次なお華かであった天明元（一七八一）年九月には、銭百文につき米一升くらい。それが、後に登場してもらう天保の改革の水野忠邦が老中になった天保五（一八三四）年（天明元年から五十三年後にあたる）には、銭百文について六合九勺になっている。だいぶん銭の相場が下落していることがわかる。

さて、「五匁銀」に話をもどそう。これまでの丁銀にしろ豆板銀にしろ、重量や相場で価値がきまったものだが、こんどは「五匁」と重量を表記した銀貨を発行した。これを金一両につき六十匁替、五匁銀十二枚、金一分には五匁銀三枚という公定価格をつけたが、これは不評で七、八年で通用がやんでしまった。しかし、初めての表記貨幣ということで意味は大きい。明和六（一七六九）年には真鍮の四文銭を巨額に発行した。これは裏に波が描いてあるので、波銭ともいわれたが、濫発のうえに原質が粗悪だったから銭相場が下落して、れいの銭階級の人民はひどい迷惑をこうむった。そのときの落首に言う。

　四文銭色はうこんでよけれども、かはいや後《うしろ》はなみの一文
大物《だいもつ》の浦《うら》のうち返し詠《ながむ》れば、新中納言浪にただよふ

また、安永元（一七七二）年九月には「南鐐二朱判」の新鋳を発令した。これも表記貨幣である。これの一つの特徴は、「二朱銀」とよばずに「二朱判」と呼んだところだ。すなわち、

れいの金貨、銀貨、銭貨と各独立した系列になっている貨幣のうちの銀貨ではなく、はじめから金貨の補助貨幣として作られていることだ。兌換の性質をもっていることは、「以南鐐八片換小判一両」とことわってある。南鐐の鐐とは「しろがね」良質の銀という意味がある。これはたしかに良質だったのでよく流通したが、幕府の悪い癖が出て、濫発したものだから、金相場が動揺した。

「幕府は、諸外国の貨幣まで多量に輸入し鋳直しているのは、通貨量をふやすことで物資の需給を調節できるという信念をかえなかったからである。たしかに物価の変動が宝永・正徳期や享保期ほどひどくなかったのは、それだけ商品の流通が拡大されてきたためであろう」（北島正元『江戸時代』）。

9　絹糸につまずいた田沼意次

幕府の貨幣政策はそのくらいにして話をすすめよう。田沼が江戸や大坂の大町人と組んで、その資本の力をかりて新田開発などしようとした例はさきにも書いたが、彼はまた大町人たちの資本の力で商品生産を増やし、その町人の利益を幕府の方へ吸い上げようとはかった。いろいろ手を出したが、新興商人や生産者から反撃をうけて手痛く失敗したのが「絹糸改役所」設置だ。

当時、北関東は養蚕がさかんになってきて、その生産もぐんと伸びていた。そこで、天明元（一七八一）年には武蔵、上野《こうずけ》の絹糸・真綿などの売買のために四十七カ所の市場に十カ所の絹糸改役所をおくことにきめた。これは問屋筋の建議を田沼が受けいれたもので、名目は品質改良といえば人聞きはよいが、じつは目当ては冥加金だ。反物一疋《ぴき》につき銀二分五厘、糸百匁につき銀一分、真綿一貫目につき銀五分ずつ、買手から改料《あらためりょう》をとることにしたのだ。

これを建議した問屋の腹の中がクセモノで、じぶんたちが検査して改料をいったん取りこみ、そのうちから冥加金を納めようというのだ。

毎年八月五日に産地で初市がたつ。江戸の呉服屋はみんなやってきて仕入れるのだが、この新令が出たものだから、大どころの越後屋はじめ、恵比須屋、白木屋、大丸など、おもなところが話しあったものだ。

「絹一疋について銀二分五厘ずつの改料を、しかも買い手から出すというのは、とんでもない話ではございませぬか」

「そういたしますと、越後屋といたしましては、うち一軒でも千五百両からの改料を取られることになりますな。これは、たまりませぬわい。まだ手持ちもございますから、まず初市の仕入れは見合わせようかと存じます」

「さよう。うちにも手持ちがございますから、越後屋さんがお仕入れを控えられるなら……」

そんな具合で、右へ揃え、どこも仕入れをさし控えてしまった。おどろき怒ったのは、上州五十三カ村の生産者だ。丹精こめて作って初市に出してはみても、一人も買出しに来てくれなければ餓死するしかない。そこで、まず五十歳以上の老人が音頭をとって起ちあがった。

「もう、わしらは人間の定命五十を越しておるわい。白髪首はねられても惜しゅうはない。言いたいだけのことは言うてやるのじゃ」

命がけに、こわいもの無しである。この老人たちに、たちまち三千余人がついて起った。まず絹糸改役所設置の発起人である上州小幡村の吉十郎という商人宅をおそい、それから勢いにのって、豪商富家に打ちこわしをかけ、所々に放火しながら、老中松平右京大夫輝高の高崎城へ押しかけて、絹織物、絹糸、真綿の運上免除、絹糸改役所撤廃を口々に訴えた。

この勢いに仰天したのが城方である。あわてふためいて、弓、鉄砲など射ちかけて、百姓を二三人傷つけた。しかし、百姓はひるまない。代表六人が進み出てこもごも叫んだ。

「ごらんのとおり、われわれ数千人、しかもだれ一人身に寸鉄もおびておりません。そのうえ、みんなご領地の百姓どもでございます。それなのに、飛道具で射ちかけなさるとは、まことに粗忽もはなはだしくはございませんか。早々にお納めねがいまする。もし、これ以上射ちかけなさるなら是非もございません、われらも決死の願いで参上つかまつっておりますもの、命をすてて押しかかりましょうぞ」

お城方はぐうの音《ね》も出なくなった。仕方なく代表六人を城に入れた。話をきいてから、代表は江戸へまわされることになった。百姓たちは、代表が江戸へまわされるなら、また話をウヤムヤにして、あげくは処刑にするだけだ。そんなら城を囲んだまま死んでも動かぬといきまいた。城方でどう諭《さと》しても宥《なだ》めてもいっかな動かない。とうとう、

「関東郡代の伊奈忠尊《ただたか》さまにこちらの言い分を聞いてもらって裁許をうけられるなら」

という百姓たちの要求がいれられた。伊奈忠尊は当時名郡代として農民たちに人気があった。

その結果、絹糸改役所は八月十六日に廃止ときまった。農民の大勝利だ。すでに百姓は幕府の言いなりになって泣寝入りばかりはしてはいなくなった。堂々と不合理な政治へは反対してぶつかってゆくまでに成長しているのだ。

このほか、各地に大小の一揆がおこっているが、いま、それを一つ一つ書いているわけにはゆかない。いまや生産力が大きくなってくると、幕藩社会の全体制が、その発展の手カセ足カセになって邪魔になる。だから、これを破って新しい社会をつくろうとする。その芽とその茎は圧力の関係でゆがんだり、ねじれたり、横這いだったりしているが、かならず伸びる強い力を秘めている。享保期から農民一揆の性格はしだいにその様相をしめしはじめてきているが、この田沼時代には、それがさらに発展してきていることが知られるだろう。しかも、その組織も戦術も年ごとに進歩しているのだ。

10　大飢饉

田沼時代は天災に地変、あるいは飢饉とうちつづいている。彼は悪政治家の代表にされているが、これら天災までも田沼のせいのように思われがちなのだから、彼は相当損をしている。天明の大飢饉にいたるまで、こころみに順を追って天災地変を列記してみよう。この間における人民の塗炭の苦しみは想像に余るものがある。

明和七（一七七〇）年から翌八年には諸国旱魃。

明和九年二月二十九日から三十日にかけて明暦三（一六五七）年一月の江戸の大火（いわゆ

る「振袖火事」十万八千人焼死、江戸城本丸焼失）以来の大火事が江戸におこり、長さ六里、幅二里、焼失した寺社一七八、万石以上の屋敷一二七軒、中屋敷八七八、万石以下御目見以上が八七〇五軒、焼失町数が六二八町、怪我人六一六一人、しかも焼死者にいたっては、その数を知らずとある。

同じく明和九年には諸国風水害、関東では四千軒の家が吹きたおされた。そこで、れいのごとく、十一月十六日に明和《めいわ》九年は改元して安永《あんえい》元年となった。さっそく落首があらわれている。

年号は安く永しと（安永）変われども
諸式（諸物価）高直《こうじき》（高値）今にめいわく（明和《めいわ》九）

いかにも辛い洒落《しゃれ》である。すぐ翌安永二年三月から五月まで疫病流行、江戸じゅうで十九万の死者が出た。

安永三年、また仙台藩領に疫病流行。上方では大暴風と洪水。
安永七年、京都、日向（宮崎県）に洪水。伊豆大島が噴火。
安永八年十月、桜島が大噴火、死者一万六千、牛馬二千が死んだ。
ついで三年おいた天明二（一七八二）年には、それから数年におよぶ「天明の飢饉」といわれる大飢饉がはじまるのである。

天明二年の冬からどうも様子がヘンだった。関東以北はいわゆる暖冬異変で十二月というのに菜の花が咲いたり竹の子が生えだしたり、おかしいことだと訝《いぶか》っていたら、にわかに寒さがおそってきて、そのうち毎日毎日冷たい雨が降りだした。それがどうにか回復したと思ったのもつかの間、四月から八月にかけてまた長雨。五月になっても綿入れを着込むありさま。冷害必至である。

そこに、また悪いことが重なった。七月に浅間山が大爆発をおこしたのだ。その被害激甚で、縦二十五里、横七、八里にわたってはほとんど一木一草も見ないほど焼失した。ものすごい降灰は村々や田畑をうずめ、ために利根川の流れさえかわったといわれる。死者にいたっては二万人あるいは三万五千人ともつたえられる。

大噴火がおさまっても、また雨、雨……。しかも二百十日は大台風、それが通ったあとも、また雨、雨……。百二十日間というもの、わずかの晴れ間を見なかった。

はたして関東から東北にかけて、その惨烈、目をおおわしめる大飢饉におそわれた。とくに仙台、南部、津軽諸藩領はひどく、米はもちろん、雑穀も野菜のかけらも見られなかった。金があっても買う米がない。草苔《くさこけ》を買い、藁団子や松皮餅を食い、犬一匹が五百文、猫一匹が三百文という相場までたったが、それも食いつくして、ついに南部、津軽では死人の肉まで食うにいたったのだ。

のちの寛政の三奇人の一人、高山彦九郎（上野国新田郡の人）が、そのころたまたま東北地方を旅して帰ってきたが、下野国（栃木県）黒羽藩の家老鈴木武助《ぶすけ》のところに寄って、旅の見聞を話している。その話を、鈴木武助は著書『農喩《のうゆ》』のなかに記して言う。

「卯《う》年（天明三年）の飢饉も、関東のうちはまだ大飢饉というほどではない。……奥州では餓死したものが多かった。わけても大飢饉のところでは、食い物と名のつくものはなに一つないから、牛馬の肉はいうまでもない、犬猫までも食いつくしたけれども、それでもとうとう命がもたないで飢え死していった。はなはだしいところでは、家数が二、三十もあった村々、あるいは四、五十軒もあった里々が、みんな死にたえて、一人として生きのこったものがないありさまだ。その亡きあとを弔うものもないから、いつ死んだものやらわからず、また死骸を埋葬もしないままだから、鳥獣の餌食になった。そんなところは、庭も門も畑も荒れはてて、村や里がすっかり跡かたもなくなったところもある」

また同書にはつぎのような話ものっている。

その旅のあいだのことだ。山路に踏みまよった高山彦九郎が、とある人家を見つけて、ヤレ助かったと、声をかけたが返事がない。そっとのぞいてみたところが驚いた。家の中には白骨が散乱しているのだ。さすがの彦九郎も、あまりの凄惨な光景に肝をつぶし、人の住む里をもとめて走りに走った――と書いてある。

もはや草の根、木の皮も食いつくした飢民は、死人の肉を食ったばかりではない、自分の子供の首を切り、頭の皮をはいで、それを火にあぶって食ったり、頭蓋骨の割れ目に箸や匙《さじ》をさしこんで脳漿をぬきだし、これに草葉をまぜて食ったともいう。

また、ある橋の下に餓死者の死体が一つころがっていた。その股《もも》の肉を切って籠の中に入れている者たちがいる。橋の上から見ていた人が、なににするのだときいた。すると、この肉に草葉をまぜて、犬の肉だといって売るのだと答えたという。

『日本残酷物語』（平凡社）には、この飢饉の惨状をくわしくつたえた一章があるが、鬼気迫る光景はほとんど読みすすむに堪えないほどだ。その中に、八戸藩の俳人で、上野家文という人の書いた『天明卯辰簗』からの紹介がある。

津軽の黒石というところに所用あって、著者が左助という召使を使いに出したときの、左助の見聞である。左助は七戸《しちのへ》の天満館《てんまたて》というところに宿をとったが、暗くなってから、はげしい雪になった。大雪で閉じこめられては、明朝の出発もできなくなるし、持ってきた兵糧も心細いので、気が気でなく、外の様子を見ていたとき、一人の女がよろよろと家へはいってきた。顔も手足も栄養失調でぶくぶくにむくんで、ふた目と見られない形相だ。彼女が細い絶え絶えの声で宿の亭主に話しかけているのが左助の耳に聞こえる。

「こちらでは、祖父《じい》さまがお亡くなりになったと聞いてきました。まことに御無心で恐れいりますが、片身なりとも片股なりとも、お分けいただけますまいか。じつは、わたしの方の祖父さまも死にかけていて、二、三日のうちにはカタがつくと思われます。そしたら、すぐにお返しにあがります」

と頼みこんでいる。左助をはばかって、亭主は「バカ、バカ、なにを言うか」と女を外に押し出したが、しばらく外でなにかひそひそと話していた。そのうち、女は雪のふりしきる中を帰っていった。戸外で亭主と女とのあいだにどんなやりとり、あるいは取引ができたかは左助にはわからなかった。間もなく旅から帰ってきた左助は主人に全身総毛立ちながらこの話をしている。

「女は近所のものらしい風態でございました。とにかく、前代未聞、奇怪至極の貸し借りでございました」

このほかにも、たくさんの凄惨な話がのっているが、このくらいで止めよう。

とくに飢饉のひどかった津軽藩では、人口の半分以上にあたる八万一千七百人が天明四（一七八四）年九月までに死んだそうである。東北全体では、天明三（一七八三）年十月から四年八月までに、餓死者十万二千、病死三万、他国へ移ったもの（逃散したり非人化したものだろうが）二万、死絶または空家になった戸数は三万五千軒と記録されている。しかも、この大飢饉は天明七（一七八七）年までつづいたのだから、この数字は二倍にも三倍にもふくれあがるだろう。とにかく、想像を絶する地獄図である。

なぜ、こんな恐ろしい状態がくるまで手をうたないのか。藩庁も幕府も放置したのかと、だれも不思議に思うであろうが、こんな窮迫を招来させたものは、やはり生産地の藩の津留《つどめ》政策が最大の原因だろう。なにしろ、割拠の封建社会だから、領主は他領のことなど考えてやっているヒマはない。自分の藩を守るのが精いっぱいだ。だから、ある藩が不作になっても、自分のところが共斃れにならないために（自藩内の米価の高騰をおさえるためもあるが）こちらは津留をして食糧の他領流出を抑える。天明八（一七八八）年十月になるまで、全国の米の集散地大坂へは米の回送がほとんど見られなかった。しかも、大坂の商人たちの中には、米の買占めをやって、暴利を得てひそかに売りさばくというものもいたのだ。とにかく、唯一の集散地大坂にかんじんの米が集まらなければ、どこへも米の運びようがない。当時、ごく小地域におこった飢饉でもすぐに悲惨な結果が人民のうえにかぶさってきたわけは、全般的な生産力の低さと、米の流通機構の幼稚さにあったと言えるだろう。

打ちこわしつづく

飢饉のあとには疫病の流行はつきものだ。これにたいして、幕府は救療法を令し、また米の売り惜しみ禁止令を出したが、どれほどの効果もなかった。

災厄は大飢饉をもっておわったのではない。天明五（一七八五）年三月には大坂に大火。八月には畿内と東海地方に洪水。逆にほかの地方は大旱魃というありさま。

天明六（一七八六）年正月には、またまた江戸に大火。五月からはまた冷害のさきぶれのような雨。七月には関東各地で大洪水。

まさに天災地変、応接にいとまなく、対策をたてるひまもない状態だった。不作飢饉の土地ばかりではない、都市では米価が天井しらずだ。ついに追いつめられた窮民は蜂起した。

米騒動だ。天明七年五月十日から三日間、大坂では窮民が大群衆になって騒ぎだし、米を買占めて暴利をむさぼっているというので、米問屋二百余軒が打ちこわされた。もちろん、評判のわるい金持ちの家もさんざんに荒らされた。この噂がしだいに全国につたわったからたまらない。京都、奈良、伏見、堺、山田、甲府、駿府、広島、その他中国、九州の各地にも波及して、つぎつぎに、大小の打ちこわしが起こった。そして、なかでも、もっとも激しかったのが、大坂の騒ぎから一週間後におこったお膝元の江戸のそれだった。

原因は米価騰貴と売り惜しみだった。天明七年春には、れいの「御張紙直段」は、三斗五升入百俵につき、百八十両、それが夏五月には、二百二両になっている。これを、銀に換算すると（当時の相場は、一両が五十七匁だった）二百二両は銀十一貫五百四十匁だ。すると一俵が銀百十五匁少しになる。一石あたりは、銀三百三十匁というわけだ。ふつうの米相場は一石につき銀五十匁から六十匁のあいだだったから、なんと五、六倍の高値だ。これでは貧民はたまらない。

天明七年五月十日には、江戸では小売が百文で三合五勺だったのに、十八日には三合になった。

米価が暴騰するから、米商人は買占めに狂奔し、しかも売り惜しみをして、ますます値を吊りあげる。捨ておけずとあって、幕府は買占めした家に封印して、勝手に売らせないようにしたかわり、庄屋、名主の切符で配給制をとってみたが、なれぬこととて、かえって売買がとどこおってしまった。みんな口は干《ひ》あがり、シビレをきらした。

一方、町々からは奉行所にお救い米を願い出たから、幕府も金二万両、米六万俵を下げわたして窮民を救うことにした。しかし、そのことがみんなに徹底しないうちに、腹をへらしていきり立っていた窮民どもは、ついに五月二十日の夜半に爆発してしまった。まず、赤坂門外の米屋二十三軒が打ちこわしをかけられた。これが手はじめだ。蜂起のノロシになった。あっちに百人、こちらに二百人とあつまった窮民どもは鉦太鼓をうちならし、群をなして市中を駈けまわり、暴動は町から町へ波及していった。

米屋という米屋、米をためこんでいると見られた豪家豪商を彼らは手あたりしだいに襲いはじめた。豪商大丸も打ちこわされた。かたく門をとざしている大家には、大勢とりついて勢いをつけた大八車を打ちつけ、門扉をつき破ってわれさきに乱入した。おそわれた米屋や豪商の家のまえには、米俵が散乱し、真白い米があちこちに山をなしている。そのなかに引裂かれた色さまざまの染小袖、帳面、破られた金屏風、踏みこわされた障子唐紙が飛び散っている。広大な大家も家の向こうまでつつ抜けに見とおせるほど徹底的に打ちこわされてしまった。暴民の数は五千人といわれ、貧民ばかりではない。奉公人や浪人体のものもまじっていた。

いよいよ二十二日には、捨てておけないとばかり、町奉行もみずから出馬した。町々はみな木戸を打ち、合言葉をつくり、拍子木をたたいて、たがいに加勢しあうことになった。自衛のためには竹槍御免とお許しも出た。

ここにいたって、ようやく暴徒もしだいに散りはじめ、「江都開発以来未だ曾て有らざる変事地妖といふべし」(『蜘蛛の糸巻』)と人々が肝をつぶした江戸の打ちこわしも、ようやくおさまったのだ。

この天明七年五月の江戸うちこわしの起こったときには、さしも権勢をほしいままにした老中田沼意次はすでに職を免ぜられていたのだ。しかし、この打ちこわしは田沼時代の終焉を告げる幕切れらしい大立回りと見てもよいであろう。

田沼意次はこの前年天明六年八月に老中を罷免されている。九月に十代将軍家治が五十九歳で死に、十一代将軍には家斉《いえなり》がなった。そして、この打ちこわしのおこった翌月、すなわち天明七年六月には、八代将軍吉宗の孫にあたる白河藩主松平定信が老中首座になって、いわゆる「寛政の改革」にとりかかるのである。

11　田沼意知《おきとも》の最期

田沼意次失脚は、やはり、父とともに大いに権勢をふるっていた若年寄田沼山城守意知が、江戸城中で新御番の佐野善左衛門政言に斬られて、翌々日死んだことがきっかけになっていると考えてもよかろう。

この事件は天明四年三月二十四日のことだ。取調べの結果、まったく佐野善左衛門の私怨によるものだったことがわかった。佐野は切腹を命ぜられ、家は断絶した。

なにをそんなに佐野善左衛門が怒ったかというと、意知が佐野家の系図を見たいというので貸したが、いつまでたっても返さなかった。また佐野の領分である上州甘楽郡《かんらごおり》に佐野大明神という社があり、神主をつけてあったが、意知の指図で田沼の家来がたびたびやってきて、とうとう佐野大明神を田沼大明神とかえてしまって横領した。さらに佐野家の七曜の旗があったが、これは田沼の定紋だといって取りあげてしまった。しかも、田沼家はもともと佐野家の家来筋、主筋でありながら佐野は、いまでは微禄したから、なんとか田沼の口ききで役に召出されたいと願うばかりに、無理な金を工面して、贈った額が合計もう六百二十両にもなる。それなのにいっこうに沙汰がないとは、詐欺みたいなものだ。それやこれやが重なって、惑乱してしまって、カッとなり斬りつけたというわけだ。

世の中がうまくゆかない、政治がでたらめだ、浅間山の爆発も、大飢饉も疫病も一揆騒動もみんな田沼父子のせいのように恨まれていたところだから、意知が殺されたと聞いた人たちは、上下ともにソレ見たことかと大喜びした。

おりもおり、皮肉なもので、非常に高かった米の値段が偶然さがりはじめたのだ。たちまち世間は佐野善左衛門政言を「世直し大明神」と囃《はや》したてた。田沼意知を斬ったとき帯びていた脇差が二尺一寸の粟田口忠綱の作だったと知れると、にわかに忠綱の相場があがったというから、滑稽でもあるが、田沼への不人気のほどが知られる。佐野善左衛門の墓は浅草の本徳寺にあった。参詣者ひきもきらず、思いがけないお賽銭《さいせん》で（毎日十四、五貫文もあったという）お寺はホクホクしたが、見かねた寺社奉行が無縁者の参詣まかりならぬと高札をたてたほどだ。

この事件があってからなお二年、田沼意次は老中の座にいた。天明六年六月、金銀融通政策として、諸国民の出金によって貸金会所を設けようとした。しかし、思いつきとしてはよかったが、時期がわるく、大商人たちの反対にあって失敗した。大名たちに金を貸して、その利子のうちから、一部を幕府に吸いあげようと計画したのだ。

この失敗が直接の原因ではなかったが、まもなく田沼は老中を罷免され、将軍家治の死とともに、きのうに変わる今日の悲運、加増の二万石は召上げられ、屋敷も没収、閉門を仰せつけられてしまった。彼の腹心だったものたち、勘定奉行の松本伊豆守秀持以下も、それぞれ処罰された。

田沼時代は去ったのである。

12
田沼が庶民に与えた自由

田沼意次は彼にはどうにもならない天変地異の責任まで（むろん、その後の処置が適切であったとはいえないが）おわされて悪政の標本みたいにけなしつけられるが、すくなくとも、彼が歴史の流れにしゃにむに逆行しようとしなかったところは、買ってやらねばならない。もし、彼が政治権力をにぎっているあいだに、こうした不慮の災厄が襲ってこなかったら、どうだったろうか。彼はもっともっと治績をあげていたにちがいないと思う。ひいきの引き倒しであろうか。それはだれにもわかるまい。そんなことはなかったとも言いきれまい。

田沼はひたすら幕府財政の建てなおしをはかったのだ。吉宗もたしかにそうだったが、吉宗がはじめ歴史の流れに逆行して強行しながら、ついには、それに屈服して、あえて順応策をとらねばならなかったところから、田沼は出発し発展もさせている。

田沼は成上りの一老中であって、吉宗のように独裁権力をはじめからそなえた将軍ではなかった。大町人と結んで政策をすすめねばならなかったのは、田沼の個人的な功利性ではなく、非難のまとである収賄も、いわばふつうのことだ。もし、田沼が吉宗とおなじ地位にあったら、彼は収賄はしなかったろう。政策をおしすすめるたびに、大町人たちから献上物を受け入れただろうことは同じだ。ただ、将軍のばあいは収賄にならないだけのことだ。

たしかに、田沼意次の政策はいっぱん庶民のことを考えて行ったものではない。しかし、このために、田沼ひとりを責めることは酷ではないか。当時の封建支配層が人民のことを考えて政治をするなどということは考えられないことだ。人民のことを主に考えて政治をすれば、みずから封建支配層を否定してかからねばならなかったからだ。そこへゆくと、たとえ相手が大町人であれ、いきなり頭ごなしに抑えつけないで、利用する意図のためだったにもせよ、彼らと手をにぎって政策をすすめた田沼は進歩的といってよいだろう。

いったい、人民のためをまず考えての政治というものが、日本歴史にあっただろうか。いわゆる民主主義時代といわれる第二次大戦後の今日でさえ、政治は大資本と結託し、その保護のためにのみあるような状況だ。言うなれば、田沼時代と五十歩百歩ではないか。かつて封建時代には「ご仁政」といわれて、民百姓《たみ》からあがめられ慕われた領主はある。しかし、彼らの大部分は、見せかけ、あるいは余りものを一時的に民百姓に、人工甘味剤を蜜とみせかけてなめさせただけにすぎない。自分の取り分はふんだんに取ってからのことだった。封建社会にだけ「仁政」という言葉は存在し、かつ実体は搾取の残りもののほどこしにすぎないということを知るべきだ。

このつぎに出てくる松平定信は寛政二(一七九〇)年に石川島に「人足寄場《にんそくよせば》」という施設をつくる。無宿者や刑余者を収容して、油しぼりだとか指物《さしもの》だとか能力に応じていろいろな仕事をおぼえさせ、賃金の三分の一を将来の生活のために積立てさせた。これは、たしかに人民のための画期的な施策だ。しかし、もともと農村が疲弊して、江戸に人口が集まり、しかも無宿や浮浪人や盗賊が増えたので、手を焼いた結果である。収容人足の数は寛政五(一七九三)年までの一年平均百三十二人だったというから、ほんの浮浪者の一部にすぎなかったろう。しかも、取扱いは罪人なみの過酷なものだし、寄場に関する費用はすべて人足の賃金でまかなわれていたというのだから、定信が『楽翁自伝』で自画自賛するほどのものではない。しかも、「また食事足らず衣薄きなど言うて、からき事にいふ人もあれど、小人は無術に金穀にても給はるを、御仁政ぞと覚ゆ。寄場にてはからき目をするこそ、其人もおそれ、傍の人も恐れて、今無宿になりたらば、寄場へ入《いれ》らるべしとて恐るゝこそ、限なき御仁政なるべし」と言っているから、寄場の精神もわかるし、いわゆる御仁政のもつ本質の一面も知れようというものだ。人足寄場はまるで予防拘禁みたいなものだ。保護施設というより恐怖施設だ。定信はこのために江戸に盗賊がへったといっているが信用できない。とにかく、こんなごく小さなことさえ、これが人民のためにしてくれた「歴史的施設」として話に残るところに問題があるだろう。

それから比べると、田沼意次は人民のためにほとんどなにもしなかった。思うに、大町人層との交渉だけで、一般庶民にまでは手がまわらなかったのだろう。人民どもはほったらかしにされていたわけだ。それが、彼らにはかえって有難かったのではないか。なんといっても自由があるからだ。だから蘭学も思想も技術も自由に進歩したといえよう。

もともと、政府に指導されなければ知恵の方角がわからなくなるほど、江戸時代の人間は未開人ではない。だから、彼らの経済力は封建の枠をはみ出すほど発展するのだ。幕府がいくら枠の中におさえこもうとしても、はね出してゆく。政治はいつも、その後から追っかけていっている(現在の日本だって同じだ。人民の方が一歩さきを進んでいるではないか)。じっさいのところ、人民には藩庁も幕府もいらないというのが本心だったろう。そんな役所は統制だけをつくって後足をひっぱるようなことばかりしかしなかったからだ。ところが、有難いことに、田沼は忙しくってその方もあまり邪魔しないでいてくれた。

大ぴらに御老中の悪口を言いながら一ぱいやれる世の中なら嬉しいではないか。

13 士風の頽廃

田沼時代の風俗はどうだったろうか。

当時、武士とくに旗本の士風はいかに頽廃していたかという例に必らず引き合いに出されるのが、れっきとした四千石の旗本である藤枝外記《げき》が、新吉原大菱屋の抱え遊女綾衣《あやぎぬ》と心中をとげた事件である。天明五（一七八五）年の出来事だ。さすがに江戸市民にも相当のショックだったらしい。

「君と寝やろか五千石取ろか、なんの五千石、君と寝よ」の流行歌さえできた。四千石の旗本といえば大身《たいしん》だから芝居の方も遠慮して、この事件を劇化したものはないようだ（岡本綺堂という説もあるが、のちに歌舞伎にしくまれた『箕輪《みのわ》心中』（?）はこの事件がモデルともいわれる。

余談だが、いま「大身」という言葉が出たからついでに岡本綺堂の『江戸に就ての話』（岸井良衛編）によって説明しよう。旗本は「高家」「寄合」それに平《ひら》の旗本の三つに分けられる。平の旗本が一番多い。それも、だいたい三つに分けられる。五百石までの者、五百石―千石までのもの、千石以上のもの。そして、この三階層は自分たちの階層だけでしか付きあわない。

交際だおれがするからだそうだ。そして、五百石以上の旗本がいわゆる「おれきれき」で、千石以上を「大身」と称えた。馬は百石以上、乗物は千石以上でないと持つことは許されない。「高家《こうけ》」というのは特別の格式で、足利時代の名家の子孫だ。だいたい千石以上九千九百九十九石まで。高家といえば、吉良の名を思い出されるだろう。「寄合《よりあい》」には交代寄合と平の寄合とある。交代寄合は領地をもっていて大名のように参観交代をする。寄合というのは、はじめから家康の家来ではなく、後になって独立ができないので、仕方なく徳川のもとへ寄合ってきて家来になったもの。しかし小さいながらも独立していた人だから普通の旗本より格式はよいことになっていた。そのかわり、数もごく少なく五十人くらいしかいなかった。三千石―七、八千石までの人たちだった。

さて、その旗本たちは、このごろ、ますます貧乏してきていた。あいかわらず、札差から高利の金を借りて、その場しのぎをやっていたが、せっぱ詰って、ついには悪知恵をはたらかし、札差泣かせもあらわれる。たとえば、三季切米で差引勘定してくれるように頼んでおきながら、いざ蔵米を受けとるときになると、さっさと自分で受けとって、札差の方へは受取証文をわたさないで、知らぬ顔の半兵衛をきめこんでしまう。これでは札差も、なんのための商売やらわからなくなるから、幕府に取締りを訴え出ている。また、蔵宿師というものを使って、札差を脅迫したり、ゆすったりする悪旗本もあらわれている。

暴れん坊の旗本たち

まったく、旗本の私行の紊乱ぶりは、枚挙にいとまないほどだ。とくに小普《こぶ》請組《しんぐみ》の旗本がひどかった。小普請というのは、三千石以下の旗本や御家人で無役である。身持ちがわるかったりすると小普請入りを仰せつかる。無役だから出世の見込みはない。ここで世の中をあきらめて、屋敷の中に野菜かなんか作って、それを売って内職にしているのはいい方だ（武士は畑仕事をしても咎められないが、仕事中もちゃんと脇差をさしていることが必要だった）。小普請入りで、いっそ自棄になって、さらに無茶苦茶をはじめるのがいる。あまり目にあまると、支配頭から「甲府勝手」というやつを申し渡される。甲府の城に在番という名目だが、まず一生、甲府の山の中に島流しならぬ山流しで、生きて再び江戸の土は踏めない相場だから、たいていのワルも震えあがった。

さて、ここに、小普請組の無役で外村《とのむら》大吉という無軌道者の旗本がいた。つねづね小普請組の仲間を自宅にあつめて、バクチ三昧。勝負のいざこざからの刃傷沙汰。そうかと思うと掻ッ払いもやる。手がつけられないので奉行から座敷牢入りを命ぜられると逃げだし、僧形になってまた悪事をはたらく始末。甲府勝手でおさまる男ではないというので、とうとう斬罪になってしまった例もある。ときに天明三年だった。

天明七年正月、水上《みなかみ》美濃守という三千石の旗本が西の丸の書院番頭を命ぜられた。そのお祝いをやれと、同僚たちが強要した。同僚といっても、みな四千五百石、六千石、あるいは七千石といった御大身の旗本だ。さて、当日は、水上の屋敷に芸者を呼び、料理を取寄せての大酒宴がはじまったのだが、客の一人が日頃からふくむところでもあったのか、土産に持参した菓子のことから主人の水上にナンクセをつけて、乱暴をはじめた。招かれていた他の六人もその旗本に肩をもちテンヤワンヤになった。それが、また大変な騒ぎだ。具足櫃《ぐそくびつ》はひっくりかえす、床の間の小鳥は籠から放ってしまう、水仙の鉢はうちこわす、水上美濃守の先代が将軍から拝領した手あぶりは火のはいったまま庭へ投げ出してこわしてしまう。それだけではない、飯椀の中に脱糞したり、湯呑茶碗に小便したり、主人の脇差に味噌汁はひっかける、床の間の掛軸は揉みつぶす、火鉢の火で畳をこがす、膳のうえを飛びあるく。狼藉などとは言うもおろか、まさに狂気の沙汰である。この騒動が夜中までつづいて、それから吉原へくりこまねばおさまらないと、最後まで暴れる始末だ。この事件がおかみの耳にはいったから、彼らは主客とも処罰された。これが、三千石以上七千五百石取りの御大身の所業である。あきれたものだ。旗本たちの教養の低さ、風儀の悪さがわかるではないか。

ばくち、喧嘩、ゆすり、強盗、殺人と、士風の頽廃ぶりも極まった感があるが、「お殿様」がこの有様だから、「奥様」の方でも負けてはいず、旗本の妻女の不義密通も珍しくなくなった。ところが姦夫姦婦を斬りすてるどころか、金で話をつけるという習慣が生まれる。

平賀源内が書いているように、「武家町人共に芝居芸者の身ぶり移りて、うはきなる風俗なり」というわけで、この時代は上方文化にかわって江戸文化のめざましい興隆期だったが、風俗流行の源はまず芝居と色里であった。富裕な町人や武家の風俗は、農村の窮乏をよそに、がらりと派手になってきた。

その代表的なものが、「蔵前風《くらまえふう》」とよばれる特異な風俗をつくった札差などの豪奢な生活である。札差などの町人は高利を稼いで太りにふとっていたから、しだいに武家にかわって吉原の上得意になった。当時、通《つう》とよばれるものが十八人いて、世人これを「十八大通」といってもてはやした。歌舞伎「助六」のモデルといわれる大口暁雨もその一人で、札差大口屋治兵衛のことである。その服装が一風かわっている。頭は本田という髷にゆい、刷毛先きを小さくして額を抜きあげ、中剃《なかず》りを広くした。黒小袖小口の紋付を着ながし、それに黒仕立てサメ鞘の長脇差、銀こはぜの足袋に下駄ばき。彼が吉原の大門をはいると、仲の町の両側の茶屋では、女房総出で出むかえ、「福の神さまのお成り」といって騒いだというから、その豪遊ぶりが想像されるというものだ。

しかし、一般庶民は、まだ吉原では遊べなかった。当時、吉原で太夫といわれる最高級遊女を買うのに、だいたい七十五匁くらい。しかし、七十五匁だけですむものではない。だが、かりにそれだけとしておいて、当時の手代の年給が五両（三百匁）。それから比較してみても、四つ分である。日雇人足は二匁五分だったというから、七十五匁かせぐには、なんと一カ月かかる。ざっと、こんな具合だから、ちょっとやそっとで庶民は吉原などへは行けなかった（職人が吉原で遊べるようになったのは、この頃から七、八十年も後の安政以後のことだという）。こんな次第だから、庶民はもっぱら岡場所を利用した。

ずっと禁止されていた私娼窟の岡場所も、田沼は運上をとるために黙認したから、江戸中にぞくぞくと私娼窟ができた。松平定信が寛政二年に禁止するまで、大繁昌した。そして、また、そこにはそこで独特の風俗を流行させたのである。

この時代、武士のくらしは苦しくなる一方でありながら、逆に生活は派手になったから、ますます借金はふえてゆく。それに加えて、幕府でも諸藩でも、御勝手向不如意を理由に、旗本や藩士から、半知《はんち》とか借上《かりあげ》とか、ていのいい名をつけて、じつは俸禄の欠配をやったから、ますます彼らは窮地に陥った。

それでも、諸家の留守居役の寄合いはさかんであった。参覲交代で藩主が領国へ帰っているあいだ、彼らはいわば江戸駐在の大使のようなものだから、その交際ぶりも派手だったのだ。国もとは火の車でも、あまりケチケチした真似はできないし、虚勢もあろう。彼らは藩費をつかって公然と遊里戯場に出入しては大いに散財した。田沼の没落後、松平定信は寛政の改革において、諸家留守居役の寄合いを禁止したほどである。

大町人はもちろんだが、いっぱん庶民の生活も贅沢になってきた。着るもの、日用品、あるいは家具調度品も、一時代まえとは見ちがえるほど上等になり豊富になった。これは、いちがいに華美を非難し、田沼の放漫を責めるのは当らないと思う。商品生産が飛躍的に増大し、技術が向上し、交通が発達したからにほかならない。むろん要求があったからにはちがいないが、自然の発展は人力でおさえることはできない。

その証拠に、このすぐ後に、松平定信は矢つぎばやに、しかも重箱のすみをほじくるような奢侈禁止令や生産停止などを命ずるが、その効果が表面的にも見えたのは僅々数年にすぎない。たちまち田沼時代に輪をかけたような大御所時代がくるではないか。これも決して執政者の単なる嗜好がそうさせたのではない。そのまた後をうけた老中水野忠邦の天保の改革が一瞬にしてみじめな失敗におわるのを見てもわかる。すでに封建権力では抑えきれないもの、資本主義が発達しつつあったのである。

商品生産があがり、人々がそれを要求し、また都市に人口が集中し、生活様式が多彩になってくると、新しい商売も発生する。その一例が女髪結の流行だ。それまで女は自分で髪を結っていたものだ。

遊興や宴会がさかんな時代だったから、これまでの男芸者（幇間《たいこもち》）のほかに女芸者がさかんになった。女芸者のことは以前はおどり子といっていた。芸者とよびだしたのは明和安永のころからである。明和三（一七六六）年ごろ、芸者の線香代一本は二朱（一両の八分の一）十二匁（一両の五分の一）あるいは百匁（銀六十匁が一両）など、いろいろだったらしいが、とにかく大いに稼いだのはたしかだ。だから、ちょっと器量のいい娘は、下町ではあらそって芸者に仕立てたものだ。

この芸者といっしょに三味線が流行しはじめた。町家や女の間ばかりではない。男も男、旗本や大名までが三味線を弾きはじめた。この芸者や三味線流行の模様は森山孝盛の『賤のをだ巻』につぎのように書かれている。

「扨《さて》三味線の流行、おびたゞしきことにて、歴々《れきれき》の子供惣領《そうりやう》よりはじめ、次男、三男、三味せんひかざるものはなし。野も山も毎日朝より晩迄、音の絶る間《たゆ》はなし。此上句《このあげく》、下かたといふものになりて、かぶきの芝居の鳴物《なりもの》の拍子を、素人《しろうと》がよりたかりてうつなり。其弊《そのへい》止《や》みがたく、素人狂言を企て、所々《しょしょ》の屋敷屋敷にて催したり。歴々の御旗本、河原ものの真似して、女がたになり、立役《たちやく》、かたき役にて、立さわぐ戯《たはむ》れなり。

同じく女芸者流行《はやり》て、江戸端々《はしばし》遊所は申《まをす》に不レ及《およばず》、並の所にても芸者の二人三人なき町はなし。余りつのりて吉原品川の売女の妨《さまたげ》になるにより、売女屋より訴へて、高縄《たかなは》（高輪）辺の女芸者十二三人、被二召捕一《めしとられ》たることあり」

　もって、そのすさまじさが想像されるというものだが、ここに面白いのは、旗本の次男三男のたぐいだ。家の後は嗣げない、無役の閑人どもの所在なさがうかがわれるではないか。特殊な才能を認められて召出されるか、どこかに養子にでもゆくより世に出る方法はないのだ。兄貴の屋敷のすみで、日がな一日、刀を抱いてごろごろしているのではたまらない。つい無理な工面をして道楽もしたくなる。三味線ひいて憂さもはらしたくなるだろう。封建時代の「家」が生んだ悲惨な余計者の姿である。三河武士の士気士風はとっくにすたれてしまった。

天下泰平にはちがいないが、旗本も就職難だ。それでも、足高や役料ほしさにワイロなどつかって、ようやく役にありつけたとする。すると、また大物入だ。こんどはお祝いや同役振舞いがたいへんだからだ。ある旗本が小普請組頭《こぶしんくみがしら》を仰せつけられたとき、初寄合に同役二十三人を招いて宴会をした。一人に四十五両ずつかかったと、こぼしている。そのはずで、魚はどこの店の品、料理は何屋という仕出し屋、菓子は何屋、酒はどこの酒屋のなんという銘でなくてはうまくないと、ほとんどしきたりになっていて、それは大変なものだったと書き残している。また、その人が御番入《ごばんいり》したとき、出仕のまえに相番五十人の宅へぜんぶ行って挨拶する掟があった。どうしても自宅に出向いて会っておかねばならない。そのため、ある人のところへは十五度、ある人のところへは二十回も出向いて、ようやく面会できたという。その縟礼《じょくれい》ぶりがうかがわれる。

このころ、武士の間には、また義太夫が流行している。武芸学問そっちのけだ。髪のゆいかたも昔気質の老人が見たらヘドが出そうな文金風《ぶんきんふう》というのがはやる。着物は対《つい》の羽織を着、長紐を先きのほうで小さく結び、下駄の歯にからまんばかりにし、刀は落しざし、ふところ手をしてブラリブラリと歩いているといった按配だ。その武士の魂といわれた刀も、見かけの華奢なのが喜ばれ、中身のなまくらなど問題にはしなかった。

まさに、士風の柔弱淫靡《いんび》ここにきわまったというところだが、じっさいのところ、武士も武芸どころではなかったらしい。食うほうが大変だったのだ。細身の刀を落しざしで、ぶらぶらできるご身分はそう沢山いるものではない。もっとも、これだって半分は自棄だからだろうが——。ほとんどは妻子ともども内職に追われていたのだ。傘張り、提燈張りなどのわびしい恰好は映画でおなじみだろう。楊子けずり、版下彫《はんしたほ》りなどもしたのだ。こうなると、商品の取引先きの商人に頭があがらなくなるのは当りまえになる。

もうどうにもならぬ。万事窮す矣。しかし、窮すれば通ず、通ずれば変ずである。どう変じたか。すなわち、セにハラはかえられず、いよいよ武士の身分を売りとばすことになる。町人の子弟を持参金つきで養子にむかえ、家格をゆずりわたすという形式がとられた。足軽株三十両、同心株二百両、徒士《おかち》株五百両などという相場があったらしい。なお、百姓町人から藩が献金させて、武士身分にとりたてることは、どこでも見られる。これは嘉永六（一八五三）年の南部藩（岩手県）の売禄定価表だが、ここに写してみよう。武士身分の切り売りもだいぶん安くなっている。

一金十五両　一生苗字帯刀御免、百姓町人より、但し検断《けんだん》肝入《きもいり》宿老《しゅくらう》、老名《おとな》（以上みんな農民で村役人と思ってよい）等之役筋之者は金十両程に而《て》も被レ成二御免一候事

一金二十五両　永苗字帯刀御免百姓町人より

一金四十両　永中使百姓町人より

一金三十両　一生中使格百姓町人より

一金五十両　御与力格百姓町人より

一金七十両　御与力　同断

一金三十両　在御給人より御城下支配

一金九十両　百姓町人より御給人

一金二十両　無禄町医より御役医格

一金三十両　同断御役医

一金六両　御免地一石

一金三十五両　中使より御与力

一金二十両　御与力より御給人

なにも、そうまでして武士にならなくても——と思うのは、こんにちの感覚である。封建時

代末期、武士の株はさがったが、やはり武士は厳として支配階級であった。どんなに才能があっても、百姓町人のままでは、治国済民の方策を行うべくもなかったのだ。勝海舟や渋沢栄一などという人も、旗本、御家人株を買って政界にのりだしたのだと聞いたら、意外におもわれる人も多かろう。明治になってからの話だが、ある人が勝海舟と対座して思い出話をしたあとで、勝安房守のベランメエ口調におどろいたと書いていたが、これを知っていたら、なにも不思議はないだろう。

警察運営はワイロのこと

話をもどそう。町奉行の与力同心たちも町人たちに難題をふっかけ、ワイロを取った話も多い。しかし、これは、この時代にかぎったことではない。もともとワイロでも取らなければ生活できない組織だったのだ。『江戸に就ての話』(岸井良衛編)から簡単に説明しよう。

まず、町奉行だが、これは旗本である。町奉行は寺社奉行(大名がなる)とおなじく、江戸の警察と裁判をつかさどっているが、町奉行のあつかうのは町人百姓のことだ(だから、たとえば罰金も銭で科したことは、さきに書いたとおりだ)。武士や僧侶は寺社奉行の管轄。この管轄は厳重で、町人のコソ泥を追いつめても、そいつが武家屋敷や寺社方区域へでも逃げこもうものなら、寺社方に届けなくては手が出せなかった。町奉行は南町奉行と北町奉行の二組。南は数寄屋橋御門内にあり、北は呉服橋御門内。南北奉行の下におのおの与力と同心が一組いる。一組というのは、与力がだいたい二十五騎、同心が百三十人ばかりだった。

与力は寄騎の転らしく、騎兵だったわけだ。二百石ばかりの知行取りだが、別途収入がある。

もともと、与力は南北あわせても五十人ほどだから、いまの警視庁の警視などいう役人より少ないかもしれない。この与力が陰では各大名のお抱えみたいになっている。というのは、自分の屋敷のなかでなにか起こったときに表沙汰にならないように、はじめから特定の与力に意を通じておくのだ。そこから盆暮れに五十両くらいの付け届けがあったという。しかし、それが、みんな自分のふところにはいるわけではない。部下の同心や岡っ引に分けてやった。与力の役は、火付盗賊改め、市中見廻り、あるいは奉行所詰めだ。吟味与力というのが御白洲《おしらす》で罪人を調べた。服装は羽織の着ながし。もちろん二本差し。裏白の紺足袋に雪駄。馬に乗るときは別で、野袴にぶっさき羽織、陣笠となる。与力は十手を持たなかった。与力として、おもしろい特徴は、武士でありながら柔かい着物を長めに着ていることだ。八丁堀風という恰好である。もう一つ、「奥様あって、殿様なし」といわれたように、与力は「旦那」と呼ばれたことだ。

旗本と名がつけば、主人は「殿様」とよぶのが習わしだ。ついでに妻は「奥様」、長男は「若殿様」とか「若殿」、次男以下は名前を呼ぶ。娘は「御嬢様」である。「旦那」というのは町家の主人の呼称だった。

同心には御家人がなる。取り高は三十俵二人扶持（一人扶持は二分。但し月俸。年額にすると六両になる。だから、このばあい年に三十俵と十二両というわけだ）だが、地位としては低い。与力が大名屋敷に出入りしたように、同心は町家の大きいところへ狙いをつけて出入りし、やはり相当の付け届けを受けていた。これを部下の岡っ引や手先きに分けてやる。服装は羽織、着流し、二本差し、裏白の紺足袋、雪駄だが、同心は十手を持つ。

岡っ引とか御用聞きとかいうのは世間で勝手につけた呼び名だ。小者《こもの》が表向きの呼び名。どうも小者では権威がないから、御用聞きとか目明《めあか》しと自称したのである。同心の下に二、三人ついている。この岡っ引が四、五人から、多いのは十人も「手先き」をつかっていた。町奉行から岡っ引にくれる給料は一カ月に一分から一分二朱だった。すると一年に三両から五両たらずである。奉公人の給料でも三両はもらえた時代に、手先きという子分をかかえて、これでは食えない。手先きはぜんぜん役所から手当ては出ないのだから、なおさらだ。そこで岡っ引は、なにか別に商売をやっている。女房名義で湯屋をやったり小料理屋をやったりしたわけだ。だが、上役の与力や同心からの貰いもあろうが、内々でいろいろの事件の口ききをしてやって大いに袖の下をとった。

岡っ引は、科人《とがにん》を見つけると、その場から追っかけて旅に出たりすることもあるので、年中ふところに五両の金をもっていたというから、不思議な気もするが、じつはそんなわけだから持っていた。この岡っ引の子分である手先きも、親分同様に湯屋をやったり小間物店を出していた。

この手先きの下にもう一つ下《した》っ引《ぴき》というのがいる。やはり表向きは堅気らしく魚屋とか植木職とか桶職なんかやっているが、裏では手先きの旨をうけて諜者をつとめていたのである。

町奉行——与力——同心——岡っ引——手先き——下っ引。これが縦の系統だ。そして与力以下それぞれ半強制的に自分の方から後援者を見つけていたのである。

14 「蘭癖」一世を風靡

こう書いてくると、田沼時代は風俗の紊乱も士風の頽廃もまるで野放しの時代のように印象されるが、それもまた比較の問題にすぎない。また自然の勢いだったのだ。官紀は乱れたというが、門閥格式でがんじがらめになって、なにもかもが杓子定規《しゃくしじょうぎ》の世の中に、みずから活路をひらいてくれたのが、成上り者の田沼意次その人であったとも言えるのだ。おのれの志を展べる手段はただ一つ、ワイロのみだと教えてくれたようなものだ。それしか無かった時代なのだ。ワイロもまた封建から資本主義への過渡期のうんだ自然の法であり、むしろ必然の思想だったと言いたい。山師的思想の勃興もまたその一面だったのだ。

成上り者の田沼には従前からの行きがかりを顧慮する必要がほとんどいらなかった。古いものへの郷愁もなかった。彼は前だけ見ていればよかった。それが放縦《ほうしょう》といわれるまでの自由を周囲にもたらしてくれた。田沼はとくべつに学問を奨励はしなかったが、息の詰まるような時代に自由の窓を開けてくれた。その恩恵をまず第一にこうむったのが蘭学であった。

田沼自身、オランダからの渡来品には目がなかった。それだから、諸大名のあいだにも、異国趣味がもてはやされたのは当然のなりゆきだ。ことにマニヤの域にあったのは鹿児島藩主島津重豪《しげひで》と福知山藩主朽木《くちき》昌綱《まさつな》などで、オランダ狂だからというので「蘭癖」大名といわれた。島津重豪などは、その最たるもので、オランダ使節が江戸にくると、おしのびで、たびたびその旅宿を訪ねている熱心さだった。

オランダ風は一世を風靡した。オランダ使節が将軍に謁見に江戸にくるのは五年に一度で、二月下旬に江戸に到着、三月上旬に登城するならわしだった。江戸滞在は二、三週間だから、新しい知識を得ようとする人たち（オランダ人を訪問することを許されているのは、正式には幕府や諸藩の医者と天文学者ということになっていたが、いわゆる蘭癖の大名から民間人まで、なんとか縁故をもとめて訪問したのだ）がつぎつぎと押しかけ、オランダ人を大いにうるさがらせている。物見高いは江戸のつねで、その定宿《じょうやど》、日本橋本石町《ほんごく》長崎屋のまえは、これまた大へんな人だかり。「長崎屋じぶんの内へ分けて入り」という川柳でも、その騒ぎがわかる。

とにかく、オランダ人の宿舎は、博覧会場であり、臨時学校の観をていしたことだろう。これが田沼時代だからできたのだと、『蘭学事始』に杉田玄白は言っている。

長崎ではオランダ人との接触にこまかな法規があったが、江戸にきたときはオランダ人の滞在期間も短いことだし、大目に見てくれて、ほとんど取締りらしいこともしていない。

そして、この訪問者の中に、杉田玄白や前野良沢の名を見出すのである。彼らは四年も苦心に苦心をかさねて、オランダ語訳のドイツ解剖書『ターヘル・アナトミア』を翻訳して、安永三（一七七四）年に『解体新書』と名づけて刊行した。この話はあまりにも有名だ。玄白の門人大槻玄沢《おおつきげんたく》は洋学の入門書『蘭学階梯《かいてい》』をあらわした。物産学（実用博物学）の平賀源内がその奇才と山師ぶりを、長崎屋滞在のオランダ人のまえで発揮するところは、杉田玄白がやはり『蘭学事始』の中に書いていて、面白い。

そのほか、稲村三伯はわが国最初の蘭日辞書『波留麻和解《はるまわげ》』をつくった。この名はハルマという人の編集した蘭仏対訳辞書をもとにしてつくったからだ。また、本木良永《もときよしなが》は地動説を伝えている。

しかし、こうした蘭学の発達も主として実用学方面にかぎられていたように思われる。吉宗の洋書の輸入解禁の精神がそうだったし、やはり引きつづいて思想方面、言うまでもなく、キリスト教関係は御法度だったから、蘭学の発達も思想方面にはなかなか及ばなかったのは当然だ。また、国内の商品生産の増大と流通の発展が新知識に直接に要求したものは経験的知識だったからでもある。

だが、こうした中で、前野良沢の門人司馬江漢《しばこうかん》があらわれたことは注目しなければならないと思う。彼は蘭学者ではなく、オランダ語もよめなかったが、日本の洋風銅版画の開拓者として有名だ。彼は大槻玄沢や宇田川玄随などという蘭学者と交遊し、そのあいだにいろいろの西洋知識を吸収した。とにかく、ものすごくカンのいい人だ。耳学問だけで、世界地理や天文学の通俗的な書物まで書いているのであるが、それだけが彼の才能ではなかった。江漢は画の修業のために、長崎、平戸から京坂地方を歩いているうちに、天明の飢饉で苦しんでいる民衆の姿をつぶさに見た。武士は貧乏しているとはいっても、大飢饉があっても、武士からは一人の餓死者も出ないのだ。なぜ百姓だけが苦しまねばならないのだろうか。ここにおいて、「上将軍より下農工商、非人乞食に至るまで、皆以て人間なり」と喝破《かっぱ》し、封建的身分制度を否定した。人間は平等だ。封建的身分制こそ、科学の進歩を邪魔していると説いた。これはあきらかに蘭学の知識からの影響である。

15

農民一揆戦術の進歩

ここで、国学の成立について賀茂真淵《かものまぶち》やその門人本居宣長《もとおりのりなが》の業績思想を述べる順序だが、国学の成立も、幕藩体制の動揺を感じとった知識層の危機感が、その学問や思想を育てる温床となっているから、それについて少し書いておこう。垂加神道を学んだ宝暦事件の竹内式部が、役人の訊問にこたえて、「なるほど危い天下とぞんじます」と言ったことは、先きに書いたが、明和五(一七六八)年に米沢藩の侍医藁科《わらしな》貞祐は、

「少しも年貢取立、百姓あたりのからき事か、常に変りたる仕形あれば年々に打続いて、そこもここも一揆徒党の沙汰にて、日光がすめば、山県大弐が出現、大坂が騒げば、佐渡ゆるる、伊勢路もめれば、越後もやかましく……そろりそろりと天下のゆるる兆も可有御座哉、実に国を持給ふ主様方の御用心時に御座候」

と警告している。これにたいして、幕府は徒党強訴の禁令を更新したり、想像に絶する厳罰主義でのぞみ、かつスパイ政策を強化した。当時、本居宣長は一揆について言っている。

「起さんと思ふ者ありとも、村々一致することかたく、又悪党者ありてこれをすすめありきても、かやうの事を一同にひそかに申合するは、もれやすきものなれば、中々大抵の事にては一致はしがたかるべし。然るに近年此事所々に多きは、他国の例を聞きて、百姓の心も動き、又役人の取はからひも、いよいよ非なること多く、困窮も甚しきが故に一致しやすきなるべし」

さらに宣長は大一揆の続発激化は「上を恐れざる」せいだとしたが、また「みな上の非」だ

と、その著『秘本玉くしげ』で指摘している。宣長にこう言わしめたものは、天明六（一七八六）年十二月から翌年にかけておこった備後福山藩の大一揆だった。

明和六年五月から十月まで雨つづきで、福山地方の田畑は冠水し、未曾有の凶作となった。農民は減税のために検見《けみ》を申請したところ、村々を回って検分にきた藩の役人は、れいのとおり接待費をかせいだだけで、百姓の希望はなに一つかなえられなかった。俄然、農民は騒然となったから、年貢の督促も一時はゆるめなければならなかったほどだ。しかし、時の藩政を牛耳っていた遠藤円蔵は一策を案じた。八月上旬のある朝、村々に高札が建てられているのを百姓たちは見つけて、目をみはった。それには「来る十五日に強訴しよう。お寺の鐘を合図にみんな集まれ」と記されていた。

「タダ事ではないぞ」と口々につたえあったが、その日が来ても百姓たちは一人も集まらなかった。十五日よりまえに、役人が村々にやってきて、「決して参加しない」という誓約書をみんなから取っていたからだ。

やがてわかったことだが、まったく、これは手が混んでいるくせに頭の悪い策略だった。さきの高札はほかならぬ遠藤円蔵のたてさせたもので、百姓たちを挑発し、その動向をさぐり、先手をうったつもりのものである。

こうしておいて、遠藤は領内の庄屋を城下に召集し、特別奉納米や御払米の代金上納を厳命した。いつもなら、藩命を諾々と取つぐだけで、一方では百姓から高利をとったり年貢のピンハネで私腹を肥やすことしか考えていない藩庁の手先き——村役人を仰せつかっている庄屋も、さすがに、もう無理だとことわった。

庄屋さえハイと言えなかったほど、すでに、百姓たちは本当に鼻血も出ないところまで追いつめられていた。だが、彼らは坐して餓死を待っていたのではない。いつの間にか、百姓たちの間には「太平組」という秘密指導部までできていて、情勢を検討し、戦術をねっていたのである。

「遠藤円蔵を藩庁から追い出せ。奴を自分たちの手で処分する」

これが、基本目標だが、その要求が入れられなければ、隣国の備前藩に越訴する。それでも駄目なら大坂まで押し寄せて大坂城代に訴える。こうきめて、太平組は農民間に宣伝煽動工作をつづけた。

かくして、ついに、十二月十三日、備前備後の国境に、「備前福山惣百姓」の名で「福山領の百姓が願事があって強訴する。備前侯から取次いでほしい。それが、かなわぬなら領内通行を許していただきたい」という立札があらわれたのだった。その翌日の夜、あちらの山、こちらの丘の上に狼火《のろし》があがった。蜂起の合図だ。ついに百姓たちはそれぞれ得物の百姓道具をひっさげて起ちあがった。はじめ五千ばかりだったが、日ごろから恨みかさなる庄屋や豪家に打ちこわしをかけて進んでいるうちに、参加人数はみるみるふくらんで、無慮数万に達したといわれる。

ちょうどこの日は庄屋たちは年貢割付を受けとりに行く日だったが、騒ぎを聞いて庄屋たちは途中から飛んで帰ったから、藩庁苦心せっかくの年貢割付は宙に迷ってしまった。藩庁は地団駄ふんで「憎っくき土百姓ども、思い知らせてくれる」とばかり、足軽鉄砲隊をくり出したが、逆に百姓たちの奇策に翻弄されて、逃げかえる醜態をさらした。

意気あがった一揆は、庄屋を介して藩庁と交渉にはいり、そのときまでに捕えられた百姓の全員釈放を承認させ、手を出し渋っている役人に要求書を受理させてから意気揚々と村々に引揚げた。

藩庁は農民の言い分を聞くふりをして、まず彼らを解散させ、あとは各個撃破で主だった奴をひっ捕え、要求は踏みつぶしてしまうという常套手段を、こんども考えていただろう。藩庁は百姓が解散した四日後に、わずかに稗六千石を下付すると約束した。しかも、現物でくれるのではなく、年貢の未進分から差引くというのだから、まったく人をくった話だ。その他の百姓の要求事項は江戸表へ問合せ中だから待てといって、得意の引延ばし策に出た。そのうち百姓たちの団結もくずれるだろうと、あてにしていた。そのくせ、年貢割付だけはちゃんと手早く通達したのである。しかも、一月二十六日までに完納せよというのだから、話が違うと百姓たちは怒った。締切日の二十六日を期して、太平組の指導のもとに再び蜂起したのである。

藩庁はまさか再蜂起はあるまいとタカをくくっていたから、びっくり仰天したが、さきの経験にこりているので、こんどは直ちに一千数百の藩士からなる正規軍を、ヨロイ、カブトのコケ威しをきかして、農民の集結地へくり出そうとした。ところが、武器兵糧の輸送人足にだれも応じない。人気のないことおびただしい。農民軍はきわめて地の利の悪いところに集結していたのだから、機を失せず攻めたてれば包囲殲滅も容易だったのである。ツイテイナイとは、まったくこの時の正規軍のことだ。「別の道から二万の百姓どもが城下に迫ってくる」という偽情報にまんまとひっかかって、あわてて取ってかえした間抜けさである。おかげで、農民軍はたすかった。

農民軍は腰くだけの藩庁にいくつかの要求を承認させたが、まだまだ満足しない。各地に分散して、庄屋豪家の打ちこわしをつづけた。なんとか話をつけようと出向いた代官も、脅かされたり、なぶられたり、ほうほうの態《てい》で逃げかえってくる始末。それではとばかり、正規軍をさし向ければ、ゲリラ戦法にひっかかって、指揮官だけがようやく逃げかえってくるという完全敗北ぶり。農民はさらに勢いを得てねばりぬいた。万事休す矣、とは、このときの福山藩のことだ。

ついに大譲歩が決定され、農民は綿専売の廃止や年貢の減免など、ほとんどの要求を貫徹させ、大勝利をもって一揆をおわった。農民側の捕虜は全員釈放されたし、強引政策の張本人遠藤円蔵は、百姓たちの人民裁判こそまぬがれたが、免職閉門となったのである。

これはたんに珍しい百姓一揆の勝利物語ではない。封建支配権力の弱化、農民の闘争の進歩が、「領主地頭の勢は何となく衰へて、下に権をとらるゝに似たり」――これは杉田玄白が『後見草』のなかに述べている言葉だが――さきの本居宣長や藁科貞祐の言と思いあわせて、当時の知識人のそこはかとない危機感の由来を知ることができる。

16 国学の成立

この一種の危機感が、学問や思想をそだてる温床になっているのである。賀茂真淵と本居宣長による国学の成立も、この幕藩体制がいよいよ動揺の姿勢をはっきり見せてきた時機においてであったことは、その意味で興味がある。

賀茂真淵は遠江国敷智郡《ふちごおり》伊場村の神官の子で、のち京都に出て荷田春満《かだのあずままろ》（一六六九～一七三六）について学んだ。時に享保十八（一七三三）年、彼が三十七歳のときだ。それから四年、師の春満が死んだのち、江戸に移った。そして県居《あがたい》という塾を開いてたくさんの門人を教えた。また吉宗のたてた御三卿の一人田安宗武（万葉風の歌をよくしたすぐれた歌人であった。寛政の改革を行った松平定信は彼の次男）に仕えた。

では、国学とはどんな学問かというと、一口に言えば、わが国の古典の研究を通じてわが国固有の道を明らかにしようとしたものだ。当時の言葉では、和学とか古学あるいは皇国学《みくにまなび》などといわれた。それまでの和学は、もっぱら京都の公家のあいだで行われていたが、『古今集』とか『源氏物語』などの語句の解釈上の秘密の伝授といったかたちで受けつがれてきていて、きわめて形式主義的なものだった。これでは学問ではなく、なにかの秘法みたいではないか。これを批判して、和歌を主情主義的に解釈しようとする議論がおこってきた。その代表的な人が大坂の下河辺《しもこうべ》長流《ながる》で、おなじころ、そんな風潮のなかで僧契沖《けいちゅう》（一六四〇～一七〇一）の古典研究がうまれたわけだ。

契冲は晩年はずっと大坂に隠棲したが、四十四歳のとき、水戸光圀《みつくに》にたのまれて『万葉集』の注釈にとりかかり、これが主著『万葉代匠記』二十巻となった。その他にも『古今余材抄』

『勢語臆断』『和字正濫抄』などの著作があるが、それをつらぬいている態度は、従来の定説にとらわれないで、自由な研究態度で古典にのぞみ、古典の用例を調査し、客観的かつ帰納的に研究をすすめる方法をとったのが特徴だ。このことが、国学の学問的基礎を確立させたのである。それまでは、古典文学に道徳的な解釈をくわえる主観的な文芸観によるものが支配的だったのだ。

そのあとを受けて、荷田春満《かだのあずままろ》があらわれる。京都伏見稲荷の神官春満も『万葉集』を研究し、儒教や仏教の影響をはらい、古語や古文学の研究をとおして、わが国固有の道、いわゆる「古道」を明らかにして、これを復興しようとした。享保年間に江戸に出て、京都に「国学校」を建てたいと幕府に請うたが、実現しなかった。春満は学問的には契沖ほどの業績をのこしてはいないが、その門人に賀茂真淵(一六九七~一七六九)を生んだのである。

国学には、契沖たちのいわゆる国学先駆者たちの流れと、一つは儒者荻生徂徠から発する流れとの二つがあるというのが定説になっている。徂徠が古文辞学(古学)を唱えたのは人の知るとおりだ。古代の経書は、その時代の言語(古文辞)や制度文物の客観的な研究によって、はじめてその意味が明らかになる。したがって朱子学のような哲学的解釈を排した。この学問的態度からみれば、儒者荻生徂徠から国学の一方の流れが発したといっても、おかしくはなかろう。

さて、賀茂真淵が江戸に出てきたことによって、それまでの国学の中心が、京都大坂から政治の中心江戸に移ったのである。これは今後の社会的影響力に大きな意味をもってくる。

真淵は国学を一歩前進させ、その学問的体系をいちおう作ったといえる。彼は『万葉集』の研究に力をつくし大きな業績をのこした。彼もまた、古語をきわめて綿密に実証的に研究することをもとにして、万葉の歌風と精神をつかもうとした。古代の淳朴な精神（古道）は、儒仏によってそこなわれたとして、これらを排斥し、その渡来以前の古典の中に神代の道があると主張した。「ひたぶるに直き心」のあふれた万葉の歌こそ丈夫《ますらおぶ》振りであるとした。しかし、この復古主義はまた神秘主義へつながるものだということも見のがしてはならない。

賀茂真淵の門からは多くの人材が輩出したが、彼の最も有力な後継ぎは、言うまでもなく伊勢松坂の医者本居宣長（一七三〇～一八〇一）だ。真淵が伊勢参宮の帰りに松坂にたちよったとき、その宿に訪ねた宣長が師弟の契りを結んで一夜を語りあかし、真淵のすすめによって、『古事記』の研究にしたがうことになった話は、あまりにも有名だ。それから三十余年、鈴屋《すずのや》と名づけた書斎で、血のにじむような研究をつづけて、ついに四十四巻にのぼる『古事記伝』の大著を完成したのだ。

宣長は若き日医学修業のために京にのぼったとき、契沖の書を読んで平安文学に心をひかれたということだ。師の真淵が『万葉集』を愛し、万葉ぶりの歌をよんだのにたいして、宣長は『源氏物語』などの物語や、古今風の和歌をこのんだのは、このことからも、理解できよう。「物語は儒仏などの、したたかなる道のやうに、まよひをはなれて、さとりに入べきのりにもあらず、又国をも、家をも身をもをさむべきをしへにもあらず、（中略）蓮をうゑてめでむとする人の、濁りてきたなくはあれども、泥水をたくはふるがごとし、物語に不義なる恋を書るも、そのにごれる泥をめでてにはあらず、物のあはれの花をさかせん料ぞかし」（『源氏物語、玉の小櫛』）。物語というものは僧侶や儒者が説くように、悟りや勧善懲悪をおしえる方便としてうまれたものではなく、「物のあはれ」を知らしめるものだと説いて、中世的な道徳至上主義から文学を解放した。

宣長の著書は多く、多方面にわたる注釈書や古語の研究書がある。彼の国学は一方に「物のあはれ」の文学観と、一方には『古事記伝』に見られる古道説を両翼としているわけだ。「がくもんして道をしらむとならば、まづ漢意をきよくのぞきめさるべし」（『玉勝間』）と、古典の読解には「漢意《からごころ》」をすてよと説き、それを人生観に発展させて古道の思想を組織した。また『古事記伝』の総論である「直毘霊《なおびのみたま》」では、宇宙万物の創造原理として、産霊《むすび》を認め、善悪二神の存在を考え、歴史の動きはこの二神の所作だと説き、ひいて、人知の「さかしら」をすてて神意のままに生きることをすすめた。しかし、彼は『古事記』や『日本書紀』の記述をそのまま事実として信仰し、神のつくった道に無批判にしたがおうとしたところに問題がある。

宣長にも多くの門人があって、それは公卿、神官、僧侶、武士、農商など、あらゆる身分階層にわたり、しかも全国に分布するという盛大さだったが、最も代表的なのが、宣長の死後の門人、平田《ひらた》篤胤《あつたね》（一七七六〜一八四三）である。

平田は江戸に塾をひらいて多くの門人を教えた。宣長の古道説を受けつぎ、これを宗教的に発展させて復古神道として体系づけた。もちろん儒仏排撃につとめた。彼は綿密な考証は得意でなかったが、その情熱的な学風は、幕末の政情にうながされて、攘夷論や倒幕論と結びついたので、幕府に危険人物として睨まれ、六十六歳のとき江戸を追放され、出身地秋田に幽閉されて、そこで死んだ。宣長は国学を日本主義の思想として儒仏二教と対立させたが、平田篤胤にいたっては、これを宗教化してしまい、さらにそれが幕末には超国家主義の思想にまで変化してしまったのである。

国学は簡単に見てきても、このように内容は複雑で、しだいに変化している。しかし、本居宣長を国学の大成者とすることに異論はないようだ。さきに宣長の『秘本玉くしげ』から彼の言葉をひいたが、彼の思想はどういう階級的基盤から出たものか、二、三の見解を聞いてみたい。『江戸時代』(北島正元)によると、

「宣長の階級的立場は、被治者の上層であり封建制の寄生分子である地主・富商のそれを越えるものではなかった。だからこそ、かれの学問は、武士・町人・地主・神官・僧侶などの間に多くの支持者を得たのである」

このように国学思想のもつ限界を指摘している。歴史学研究会編『明治維新史研究講座』(第一巻)において、

「宣長学の基盤を町人とするこの見解はほぼ肯定され、『主として町人のイデオローグ』(永田『哲学思想史』)『反封建的世界観における都市者的の立場』(奈良本辰也)など、表現は変りこそすれ、今日までうけつがれ定説となっている。ただ永田・奈良本にあって、商業資本と国学との関係の追求されている点が注意さるべきだろう」

と書かれてある。北島正元氏もこの立場のようだ。

「宣長の学問の性格を決定した一つの条件は、農村の生産地と直結した商業都市松坂の、しかもその木綿問屋に生れたことである。新興の問屋商人のもつ経営的な要素が、医者という職業とあいまって、かれの社会的視野をひろげさせたものといえる」

とにかく、宣長は政治的には穏健な保守的立場をとっていた。そのわけは、神秘主義的したがって運命論的な思想をもとにしていたからだろう。

17　働かざるもの食うべからず

国学は平田篤胤にいたって超国家主義に傾いてゆくが、およそ、これとは反対に、唯物論者、無神論者で、封建社会の階級制度を根本から否定してかかった思想家がいる。武士出身の医者安藤昌益《あんどうしょうえき》がその人だ。

昌益には『自然真営道』百巻（現存十五冊）の大著がある。その中で、彼は階級支配を否定し、万人平等の立場で、みずから耕作「直耕」して生活する自然の社会「自然世」を理想としている。じっさい遠い昔はそうだったのだが、後世にいたって、孔子や孟子や釈迦などが出てきて、自然世をゆがめて、こしらえものの世の中「法世」にしてしまった。儒教も仏教も階級社会である「法世」を支持していると批判した。この法世には「不耕貪食《どんしょく》」の徒が、他人の「直耕」に寄生してる。支配階級が農民のつくるものをかすめとって生きているのは不届きだ。この法世である現在、武士は遊民であり、高利貸、僧侶、学者、医者など、みな民の「直耕」に寄生する「逆賊」だと攻撃した。

農本主義的なユートピア共産主義の性格のつよいものだが、当時としては画期的な卓抜な論といわねばならない。

ところが、安藤昌益の伝記はこれまであまりはっきりしなかった。だいたい秋田藩士の家にうまれ、享保四（一七一九）年に奥州八戸藩の江戸詰医者の養子となったが、数年間で不縁になった。その間に医学、本草学をおさめ、八戸で医者を開業した。没年は宝暦末（一七六〇前後）年らしい、ということになっていた。

そのために、昌益がどうしてこのような思想をもつようになったかということについて、「生産力が低く農民の解放もおくれている東北地方」（『江戸時代』）とか「昌益が生れ住んだ東北地方の事情を考えなければならないだろう。農業の生産力は低く農民のすがたもあわれなのに、領主がとりあげる年貢は重い。副業をはじめれば、利益は高利貸や在郷商人に吸いつくされる。凶作が襲えば、餓死するもの数をしらずという状態だが（中略）現に、かれの目の前でおこった八戸の一藩一揆はなまなましく、かれの批判を強めたのだろう」（読売新聞社『日本の歴史』第九巻）とか、「当時の東北農村の後進的性格が反映している」（岩波小辞典『日本史』）などが、一般的な見方のようだった。

ところが、林基氏は昌益の生年、生地、家系などが明らかになり、経歴もややはっきりしてきたために、これまでの「東北の人」として昌益の思想成立の過程を見ることに反対している（『日本人物史大系』第四巻）。それによると、昌益は宝永四（一七〇七）年秋田でなく、江戸に生まれている。享保四（一七一九）年数え年十三歳のとき、八戸藩の江戸詰御側医戸田作庵の養子にいったが、同八年に不縁になって生家にもどった。延享元（一七四四）年から寛延三（一七五〇）年にいたる七年間、八戸に「御町医」としていたことも確認されたが、もうひとつ重要なことは、祖父が備後福山藩に仕えていたことだ。生産力の低い「東北」の人としてばかり考えるのは、あやまりで、福山地方といえば当時はもっとも先進的な瀬戸内海沿岸である。昌益がこの地方と特別なつながりがあったことを見のがしてはならないというのだ。だから、安藤昌益の思想の成立を考えるうえで、彼の生長した江戸に集中してくる全国的な情勢と、特殊的には祖父の地である先進地帯瀬戸内海沿岸の情勢を、彼が壮年になってから住んだ八戸や秋田の情勢と、総合的に考えなければ、その思想を明らかにはできないという議論だ。しかも、彼は江戸の最初の打ちこわしを見たであろうし、享保二年におこった福山藩の一揆のことは、父祖の地の事件として特別の関心と印象を心に刻みつけたことだろう。

安藤昌益には『自然真営道』のほかに『統道真伝』五巻があるが、それから一節を引用してみよう。もちろん原文は漢文である。

「聖人（君主ノコト）は仁を以つて下民を仁《いつくし》むと云ふ。甚だ私失の至り、笑ふべきなり、聖人は不耕にして衆人の直耕転業の穀を貪り食ひ、口舌を以つて直耕転職の転子なる衆人を誑《たぶら》かして自然の転下を盗み、上に立ちて王と号す。故に己れ手よりして一粒一銭をも出すこと無く、我が物と云へる持たざる者は聖人なり。然るに何を施してか民を仁むべけんや。故に笑ふべきなり」

安藤昌益の思想をかたったならば、山片蟠桃《やまがたばんとう》（一七四八〜一八二一）を落とすわけにはいかない。この人はすこし毛色がかわっている。出身は播磨の人で、町人である。通称は升屋小右衛門といい、大坂の両替商升屋の番頭だった。蟠桃の号は番頭をもじったのだ。左前になりかけていた升屋を大名貸に腕をふるって再興し、仙台藩の財政たてなおしにも大いに力をかした。彼は中井竹山を学主とする大坂の懐徳堂で儒学をおさめ、天文学をまなんでからは蘭学にも関心をもち、ヨーロッパの科学を信頼した。その著『夢之代《ゆめのしろ》』十二巻では、あちこちに独創的で進歩的な見解をしめしている。彼は自由思想家だった。『古事記』や『日本書紀』の仲哀天皇よりまえの記事は歴史的事実でないと断定したり、国学をふくめて神道説や仏教を盲説とし、朱子学の鬼神論を否定したのも、彼が唯物論的世界観をもっていたから、とうぜん、その無鬼すなわち無神論からする結論である。だが、これをすぐ反封建的な思想とはいえないが、その合理的科学的な批評精神は高くかわれる。

ここで、懐徳堂について、ちょっと書いておきたい。享保以後、教育学問の普及はめざましい。寺子屋から藩校まで、ひじょうな勢いでふえている。そのなかでも、享保九（一七二四）年大坂にできた懐徳堂という私塾は特異な存在であった。

寺子屋では読み書きソロバンと、いわゆる生活技術をおぼえるのが主で、教科書は『庭訓往来《ていきんおうらい》』『商売往来』とか、農村の「五人組帳前書」から、すすんで「実語教」や「往来物」にはいったものだ。

しかし、懐徳堂は町人の手で経営された高等教育機関であった。はじめは儒者三宅石庵のために、その門人であった豪商五人が発起人になって建てた私塾だが、享保十一年には、幕府の許可と補助ももらって、あたかも準官立の待遇をうけた。町人ばかりでなく、武士もはいってきた。学派にこだわらず儒学を教授したが、なんといっても、その特色は自由で平民的な学風にあった。学問の世界に身分の上下はないというわけで、武士も町人も同座させたり、ほかにも奇抜なくらい独得の学則があった。そして、この塾から、さきにあげたような人物が輩出した。明治二年までつづいたのである。

18 松平定信老中首座となる

松平定信は御三卿田安宗武の次男で八代将軍吉宗の孫になることは前にも書いたが、定信が老中にあげられるまでのいきさつは、すこし複雑である。彼は早熟で十二、三のころ、『自教《じきよう》鑑《かがみ》』という自分の信条をならべた本を書いている。志は天下にありとばかり、大いに武芸学問にはげんで、父宗武をよろこばせたが、その宗武は彼が十四のときに亡くなった。

定信が十六になったとき、彼の運命にひとつの変化がおとずれた。陸奥（福島県）白河藩主松平定邦の養子になったのである。はじめ、その申込みをうけたとき、田安家としてははなはだ気がすすまなかった。宗武が生きていれば、こんなことにならなかったかもしれない。定信は後年じぶんで『楽翁自伝』のなかに書いている。

「田邸（田安家のこと）にても望み給はずありけれども、その時の執政等《ら》、おしすゝめて、かくはなりぬ。その頃治察《はるさと》卿（兄で、田安家の当主になっていた）にも未だ世子《せいし》持ち給はず侍れば、いとゞ御世継なきうちは、如何あらんなど聞えけれども、さりがたき訳《わけ》ありしこと、この事書《ことかき》しるし難し」

なぜ書きにくいかというと、一種の陰謀があったからだ。定信はここに「執政等」といっているが、執政はもちろんときの老中田沼意次をさしているのだ。田沼意次と一橋治済《はるさだ》のたくらみだというわけである。

定信の兄の田安治察は病弱で、まだ後継ぎがなかった。だから治察に万一のことがあったら、弟の定信が田安家を継がなければならない。その彼が養子にいったあと治察が死にでもしたら田安家は断絶してしまう。だから、田安家では定信を養子に出したがらなかった。それに、人物は出来がいいから、他家へくれてやるのは惜しいし、もったいない。そう思うのはあたりまえだ。そこで、いろいろ口実をもうけて辞退した。

しかし、田沼意次や大奥の老女たちはどうしてもききいれてくれない。とうとう田沼から「将軍さまの御命令でござるぞ」と、ウソかまことか、そう言ってきたので、仕方なく定信を松平家に養子に出してしまった。

ところが、さっそく心配事があたってしまった。定信が養子にいった数カ月後に、田安治察は世嗣もないうちに病死してしまった。田安家はここで断絶ということになるはずだが、十四年のち天明七（一七八七）年に、一橋治済《はるさだ》の五男斉匡《なりまさ》が田安家に養子にはいって、なんとか再興した。

ここで、おかしいと思うのは、定信を養子として松平家へ追い出すことを、田沼と画策した一橋治済が、そのころになって、なぜ自分の息子を田安家へ養子にやる気になったかということとだ。はやく言えば、定信のような人物がいると、一橋家から将軍が出なくなるおそれがあったからだ。田沼にすれば、ウスぼんやりして自分の言いなりになっている将軍家治のあとに、定信みたいな男が将軍としてすわっては、どうも立場上ぐあいがわるい。そこで、一橋治済と手をにぎったのだ。さしあたっての方便だったから、治済と田沼の同盟はすぐ破れた。というのは、天明六（一七八六）年に将軍家治が死ぬと、一橋家から治済の子の家斉《いえなり》が第十一代将軍となったから、治済にすれば、もう目的は達したし、田沼意次などに用事はない。しかも、将軍家斉に田沼ごとき老中をつけておくのは、どう考えても適当でないと判断した。そこで、こんどは、定信を老中にして、田沼を追放してしまったのである。手が混んでいるようで、はなはだ簡単な陰謀だ。いちばん得《とく》したのは治済だということになる。

家斉が将軍になったが、まだ十五歳の弱年だ。田沼意次が老中を罷免されたのは天明六年八月二十七日。将軍家治の死を発表したのは九月八日。そして、松平定信が老中首座を命ぜられたのは、翌天明七年六月十九日である。この間に十カ月の空白がある。じつは空白でなく、老中の席をめぐって大いに運動や暗躍があったことは想像にかたくないだろう。けっきょく、水戸、紀伊、尾張の御三家が中心になって、田沼追放後の幕閣の首班をあれこれ考えたすえ、一橋治済の推薦がきいて、溜間詰の譜代大名の支持もあり、白河藩主松平定信が老中になったわけだ。

定信自身、はやくから大いにその気があった。その証拠には、家斉が将軍になると、すぐに幕政改革の意見書を出している。十五の少年将軍に見せたってわかりっこない。はっきりした事前運動だった。もちろん自薦が功を奏しただけではない。なんといっても、家柄は一級品だし、人物は折紙つきのカタブツだ。とくに彼が白河藩主としてしめした治績が、「なかなか政治的手腕もあるわい」と譜代大名たちに信頼されたのだ。

定信は儒教的な理想主義の政治家だ。それはまもなく寛政の改革にも示されるが、藩政にあたったときは、なにより真っ先きに、生産力の低い、商品生産のおくれている藩領の状態をよく見きわめて、農村の建てなおしに力をそそいだ。さきに白河藩の間引き禁止にあたっての処置をちょっと書いたが、一片の禁令ではなく、妊婦を登録制にして出産には医者や産婆を立ちあわせた話を思い出してほしい。農村の人口を維持して、ちゃんと生産をあげてもらわないと、領主としては困るので、生産人口をふやすために、分領の越後の女子に白河までの旅費をやって移住させ、強制的に結婚させたのも有名だ。とくに天明の大飢饉のときには、この越後の領地の米や上方で買いつけた米を大量に領地に回送して、ほとんど餓死者を出さなかったという機敏さも見せている。こうしたことが、譜代大名たちを感心させ信頼させたのである。

だが、定信の老中になるのを喜ばない連中もいた。れいによって、カタブツ嫌いの大奥の老女たちだ。それから田沼の息のかかった老中たち。この反対運動は相当にきいたらしい。グズグズしているうちに、打ちこわしは全国的にひろがるし、江戸でもはじまった。社会不安はつのる一方だ。政治的空白が長引いていると幕府の命取りになるかもしれない。なんとか早く政局安定をしなければというわけで、ついに定信は迎えられた。

「御老中でも手の出せないものは、大奥、長崎、金銀座」といわれているほど、特権的な地位にある大奥の老女から、毛嫌いされているのでは、奢侈禁止の倹約令ひとつ出すのもなかなかだ。そこで、定信は老中になると、政策を行うについて、将軍の特別の信任を得たいと注文をつけているが、大奥の邪魔立てを牽制するためもあったわけだ。

また彼は田沼派の大粛清をおこなった。天明七年十月、田沼意次は勤役中に不正のことがあったという理由で、すでに二万石減じられていたが、また残りの所領の地二万七千石を没収、隠居、蟄居を命ぜられた。孫の意明《おきあき》はとくに一万石を下されたが、遠州相良《さがら》から陸奥（福島県）信夫郡《しのぶごおり》にうつされた。一万石とはいっても、実収は半分もない悪地だ。

元の勘定奉行赤井豊前守忠晶《ただあき》は買上米のことで不正があったという理由で小普請入り、同じく松本伊豆守秀持も同じ理由で逼塞《ひっそく》を命ぜられた。

この赤井、松本たちと、なにかの縁でつながりがあると見られていたものたちも処罰された。なかでも、ひどい憂《う》き目をみたのは、元勘定組頭の土山宗次郎孝之《たかゆき》だ。在職中、身持ちが悪く、なじみの遊女を身うけし、これを妾にしておった。しかも娘が病死したのに届出ないで、内々にどこからか幼女を買いとって、娘が二人いるように書き出して戸籍をごまかしておった。そのうえ、買上米のことでは後暗《うしろぐら》いことが多かったという理由で、死罪になった。配下の役人や、これと結んで不正利得をむさぼった商人たちも、獄門、死罪あるいは遠島などの重罪に処せられたのである。粛清は中央だけでなく、地方の幕府機関にもおよび、京都所司代以下の役人、伏見奉行とその配下、大坂では商人と結託していた町与力以下、それぞれ徹底的に追及されて処罰された。

こうなっては、もはや田沼派はどうする術《すべ》もない。ついに大老井伊幸直以下老中若年寄のうちで、田沼時代からひきつづいて在職するものわずか三人だけ、他はことごとくクビになった。それにかわって、定信の盟友ともいうべき松本伊豆守忠明、本田忠籌《ただひさ》、戸田氏教《うじのり》などが老中に起用され、将軍補佐としての定信は彼らをブレーンとし、合議によって政務をおこなう体制をつくった。

松平定信はいよいよ幕政を自分の手でとりおこなうことになったが、いざ取りかかってみると、なかなか大へんなことに気がついた。彼は就任後半年たった寛政八（一七九六）年正月二日にひそかに江戸本所吉祥院に願文を納めて、悲壮な決意をのべている。それには、

「ことしは米の出回りがよく、高値にならず、下々が難儀しないで安穏にくらせますように。金銭や米穀の融通がよく、将軍の御威信と御仁恵が下々へゆきとどきますように、越中守（定信）の一命はもちろん、妻子の命もかけて、心願いたします。右の条々がもしかないませんなら、いまのうちに私の命をお召しください。右のことを心からお願いいたします」

という願文であった。この願文のことがわかったのは明治時代になってからだった。偶然だが、その年は豊年で、一両で五斗六升だった米が一石も買えるようになった。とたんに人気が急上昇した。これまた権現さまの御神徳のいたすところと、定信は大いに元気づいて、いわゆる寛政の改革をおしすすめることになった。

19 寛政の改革はじまる

松平定信の理想は、もちろん家康の幕府創始の精神にかえることだったが、直接の手本は祖父吉宗のおこなった享保の改革であって、これを再現したかったのだ。だから、その政治は、一口に言えば、保守的で、武断的で、財政政策は消極的で、緊縮倹約一方だった。家康の精神にかえり、中興の英主吉宗の治績に学ぶということは、すでに土台からぐらついてきた幕藩体制そのものを、なんとか堅固に建てなおそうとするためだ。それには農村の本百姓が没落し、その経営が滅茶苦茶に分解して、年貢の負担ができない水呑百姓ばかりになってしまわないようにしなければならない。幕府の財政のために、封建地代すなわち年貢を完全に吸いあげること、これがやはり大眼目だった。すべての政治的処置は、そのことのためにのみあるといっても言いすぎではなかった。

天明の大飢饉で農村は半死の家畜のようにうちひしがれていたから、その再建が第一の急務だ。そこで凶年にそなえて、大名や知行地をもっている旗本にたいして、寛政二（一七九〇）年からこんご五カ年間、高一万石について籾五十石を貯えるように命じた。いわゆる備荒貯蓄だ。村々においても、村役人に命じて籾をかこい、銀を積みたてておくようにした。

天明八（一七八八）年の京都の大火ののち、定信が御所の造営のため上洛したが、ついでに京坂地方を巡視したとき、わざわざ懐徳堂の中井竹山に会い、その建言によっておこなった政策だった。

農業人口はどうしても確保しておかねばならないから、一部では年貢の減免を認めてやって御機嫌をとっているが、逃散防止のためだ。間引きを禁止したのも人道的な精神というより農業人口をへらさないためである。

天明八年には、飢饉のあとで、人口はへり、農地は荒れはて、地主もわからなくなったところのふえた東北地方、陸奥《むつ》・常陸《ひたち》・下野《しもつけ》の三カ国では、出稼ぎを制限した。

寛政二（一七九〇）年には帰農令を出して、江戸に出稼ぎにきたままになっているものでも、郷里にかえって百姓するなら、旅費、食費、農具代、耕地も与えるようにと諸藩にも命令した。江戸に流れこんだ無宿者や浮浪人がふえて、仕事もないし食えないというわけで、おそろしく盗賊がふえていたから、社会不安をひきおこしていたのである。その対策のひとつ「人足寄場」のことは、まえに書いたとおりだ。

米・菜種・草綿以外の商品作物をつくることを制限して、植林や氾濫防止や開墾などをすすめたのは、まちがいなく少しでも多く年貢をとりたてる重農政策のあらわれだ。吉宗治世の末期から田沼時代を通じて、農村の商品経済がすすんだために、じかに年貢を取りたてる政策を強化しても、なかなかうまくゆかなくなったために、商業資本の力を借りて、間接的に吸いあげようとする傾向にかわっていたが、それでは商業資本の中間搾取が大きくて、領主側としては、年貢を直接とりたてるもとからの方が得がいくのではないかと考えなおしたのだ。そこで、定信は商業資本と絶縁して、昔どおりの方式にかえることにした。農村では、一般的にいえば、昔とくらべて生産力は上がっていたけれども、中間に商業高利貸資本があって搾取されているから、自分の手もとには利益というものは残っていない。すると、定信のとってくれた昔へかえる方法というか、領主と生産者である農民との直接のつながりにもどった方が、農民にはよかったろうか。そうは言えないことは、すぐにわかることだ。領主側が中間搾取で損をするのをやめて、農民から直接そっくり取ろうということになっただけだ。どっちにしても、農民の手にはなにも残らないのだ。

　備荒貯蓄だとか、間引き禁止だとか、いろいろの面では、考え方によっては「農民保護政策」らしく見える。事実、戦前は寛政の改革の「善政」のひとつとして教えられたものだ。

　たしかに、一部では年貢の減免を認めてやったろうが、永久に認めてくれたわけではない。定信は年貢がほしかったのだ。だから、やがて、その本心を暴露する。いままで定免制だった村を、こんどは厳重に検見《けみ》しなおして、年貢を引上げている。それが一年だけではない。引上げられた高を基準にして、ふたたび定免制にしているのだ。

　このことから考えると、囲米にしても、ただ備荒貯蓄のためとばかり見ることはできない。その腹の底には「米価調節」という意味があったのだ。そのことは、つぎの御触書を読めばすぐわかる。定信が就任した年から豊年になったことを思い出してもらいたい。

「近年凶作打続候処、二三年以来作方多分宜候付、凶年之備等も自然と等閑ニ可㆓相成㆒哉ニ候、殊ニ当年は米直段引下、一統難儀之事ニ候、当年弥豊熟ニ候ハヽ、成丈ケ手繰次第置籾囲米等可㆓申付㆒候、領分在町等えも令㆓教諭㆒、相応ニ相暮候者共是又囲米等いたし候様ニ、精々可㆓申付㆒候（下略）」（『御触書天保集成九十二』寛政二年七月）

だから、これらの政策は「農民のため」というより「幕府（領主）のため」のものだったことは言うまでもない。村にかえるなら、農具もやる、土地もくれるといっても、農民を土地へしばりつける策略だ。検見や年貢取り立ては厳重だから、農民のくらしの苦しさは少しも軽くはならない。そのうえ、タバコだとか藍だとか、農家に金がはいって儲けになるような商品作物を制限して、米づくりだけに専念させ、昔ながらの自然経済に押しこめておこうとした。一方では、すっかり権威をおとしていた代官や村役人の権限を強化した。吉宗とおなじく隠密ずきの定信は、さかんにこれを使って法令違反者をつかまえ、力ずくで農村支配を建てなおしたから、幕府あるいは藩主のためにはなっただろうが、農民のためにはならなかった。たしかに、寛政年間は百姓一揆が各地とも激減している。この小康状態は農民保護政策の成功というより、農村支配機構の強化の結果と見るべきだろう。だから、定信が退陣すると、たちまち反撥がおこるのだ。商業は発達し、否応なしに百姓も金を持たなければ暮らせないのに、定信はやっきになって農民に金を持たせないようにしたから、そのむくいがきたのだ。

20 緊縮政策

定信の政策の重点はもちろん幕府の財政たてなおしだ。明和七（一七七〇）年には幕府の金庫には三百万両以上の金銀があったというのに、彼が老中になったときには、なんと、たった数万両しか残っていなかった。これにはさすがに仰天したのだ。なにはおいても、財政たてなおしをしなければならない。ところで、農業だけがただひとつの生産業だとするいわゆる重農的な政策も、年貢をほしいばかりのことで、決してしんからの農民保護政策ではなかった。しかし、とにかく重農的な政策に重点がおかれるからには、田沼時代とはうってかわって、商業資本にたいしては断乎として強い圧力がくわえられはじめたのは不思議はない。

定信は、田沼が運上金を取るために新設した諸座や諸株を統合し、その利益独占を制限した。諸物価の基本になる米価対策として、米の買占め、酒造りも制限し、米相場を公定した。同時に物価引下令も出している。また年貢納入手続をうけおって農民に寄生している納宿《おさめやど》も制限した。田沼時代はほとんど公然と密貿易がおこなわれていたが、定信は抜荷買いに享保令を励行して厳罰主義でのぞみ、長崎貿易を制限した。これは貨幣の流出をふせぐということもあったが、祖法の鎖国主義を守ろうとした気持の方が強かったのだと思われる。こうして、商業資本に打撃をくわえながら、都市においても封建的な秩序を再建しようとつとめたのだが、寛政元(一七八九)年九月の札差にたいする貸借破棄命令「棄捐令《きえんれい》」はもっとも著しい例であろう。

札差商人たちは暴利取締りを名目に吉宗以来なんどか圧迫をくわえられてきたが、彼らはやはり肥えるばかりだった。それは、セッパつまった旗本御家人が高利と知りながら借金するからだ。札差をふとらすのは旗本の窮乏であり、札差がふとればふとるほど、旗本は痩せる一方だった。旗本の士風の頽廃も、もとはといえば貧乏からだ。士風振起のためにも、旗本の窮乏を救ってやらねばならない。そう考えて札差への弾圧となったわけだ。

棄捐令の内容は、まず旗本・御家人の借金の利子は金一両について銀六分ずつと公定して高利を禁じ、六カ年以前の貸金はこれを帳消しにする、五カ年以内の借りは高百俵について一カ年金三両、利子は金十五両につき一カ月一分の割合で返済するというものだ。これで借金を棒引きされた金額は百十八万七千八百両というから、札差は大損をした。これに対して幕府は二万両ぽっちの賠償的な金融をして頬かぶりした。

余談だが、札差の高利は、ただ彼らがやたらに暴利をむさぼったと見るのは当らないようだ。札差もまた高利で金融を受けて、これを旗本たちの方へまわしていたからだ。すでに金融業はそこまで発達していたわけだが、借金する旗本たちのところに、高い金利がおっかぶさってきたことは事実だ。

幕府は札差が資金不足を口実に金融をしぶったり高利をとるのをおさえるために貸附会所を新しくつくって札差に資金を融通することにした。

しかし、棄捐令もやはり一時しのぎにしかならない。日がたつにつれて、旗本たちはまた金融にこまってくる。「いくらいりますと質屋はずらり抜き」の川柳もでてくる。武士の魂も質におかねば米が買えぬとなっては、またまた、来年再来年の禄米を抵当に、「無理とは存ずるが……」などと、札差のところへ頭を下げて借りにゆくことになるのだ。

幕府や諸藩の財政窮乏、旗本御家人の貧乏、それからおこる士風の堕落、あるいは物価が上がって庶民が困るのも、みんなぜいたくが原因だと、定信は考えた。奢侈こそ諸悪のもと、ぜいたくは敵だというわけで、奢侈禁止令を出したり、質素倹約をくりかえし令した。田沼意次でさえ倹約令は出しているが、定信のものはただのお題目でなく、徹底的に取締ったから、江戸の町は灯の消えたようになった。その徹底ぶりをいくつか書いてみよう。

まず幕府内部の形式主義をやめさせ、ワイロを禁じ、不良役人をクビにし、官紀の緊粛につとめた。諸藩にたいしては、江戸における留守居役のぜいたくな寄合いを禁じたことは、まえに書いたとおりだし、また藩医の遊蕩を禁じたりした。これは相当目にあまったらしい。目にあまるといえば、男色も禁じている。

定信は緊縮政策、質素倹約を徹底さすために、率先躬行、みずから範を垂れたわけだが、彼が老中になって初登城したときの服装が、さらしの染帷子《そめかたびら》に、津綟子《つもじ》の肩衣《かたぎぬ》をつけ、松枝平《まつえだひら》の袴――いずれも木綿または麻の粗布――という質素なもの、そしてゴマ味噌をそえた弁当持参だったという。まず意気込みのほどが知れる。しかし、ぜいたくになれたはたの連中はギョッとしたことだろうし、つぎに迷惑そうに眉をしかめただろう様子が、目にみえるではないか。

しかし彼の取締りは、なんといっても、針でほじくるように神経質すぎて些末主義におちいっていたことはたしかだ。田沼時代に黙認した岡場所の私娼を禁じたのはよい（もっとも、検挙した女は吉原へ引渡して二年間遊女づとめをさせた。帰農させる手もうっている）。男女の混浴を禁じた。女髪結は寛政になるまえごろから、町家に出入りするようになっていたが、女の髪はじぶんで結《ゆ》うものだと、この女髪結を禁じた。もちろん、金銀箔のかんざしなども禁じたし、高価な衣裳も法度だった。田沼時代からさかんだったバクチや賭け事も厳しく取締ったから、そのために博徒が生活に困って、盗賊になるものも多かったといわれる。

徹底した奢侈禁止は上から下までの生活干渉になった。田沼時代から物価は高くなる一方だったが、それは銀の高値と銭相場が落ちたためだと考えた定信は、南鐐《なんりょう》二朱判をつくるのをやめて、その地金で丁銀をつくった。銀相場を下げる目的だ。銭相場は下がっていたから、四文銭をつくるのをやめたり、銭を買上げたりして、銭相場の引上げをはかった。こうして、一両は銀六十匁という公定相場にかえったが、不景気になったことは事実だった。

そこで、定信就任のときは、「田や沼や、よごれた御代を改めて、清らにすめる白川の水」などと大いに期待もし歓迎もした民衆も、矢つぎばやの干渉にすっかり息をつまらせて、

白河の清きに魚も棲みかねて
　元《もと》の濁《にご》りの田沼恋しき

などとわずか三年か四年で落首するありさまになった。倹約令の強行にネをあげたのは民衆ばかりではない。大奥の女中や旗本もおなじだ。御家人の大田蜀山人《しょくさんじん》（南畝《なんぽ》）は得意の狂歌で、

世の中にか（蚊）ほどうるさきものはなし
　ぶんぶ（文武）というて夜もねむれず

と皮肉っている。これから察しても、定信が旗本の志気を振るいたたせるために、武芸学問をいかにやかましく奨励したかがわかるというものだ。

21　隠密政策

松平定信は祖父吉宗の真似が好きだったが、彼は祖父の隠密好きまで真似をしている。幕府の出した法令が、どのように守られているかをたしかめるために、「隠し目附」すなわち隠密をさかんに市中にはなって監視させたのだが、この隠密がワイロをとって違反を目こぼしするというので、隠密にさらに隠密をつけたというから、どこまでも油断がならなかった。

まえに書いた「人足寄場」のことを建議したのは、先手頭《さきてがしら》火附盗賊改《あらため》・長谷川平蔵宣雄という男だが、この男、なかなか功名心が強く、しかも金にもきたなかったので、一部からは山師といわれて評判はあまりかんばしい方ではなかった。だが、人は使いようで、定信はこれを起用したわけだ。長谷川平蔵は盗賊逮捕に妙を得ていた。この男が建議して主任になっていた人足寄場だから、社会福祉施設の性格からほど遠いものだったことが察せられるというものだ。

さて、あるとき、本所辺に田沼家の浪人と称して、町道場をひらいている男があった。たかが剣術指南の浪人者のくせに、近所の貧民に米や銭をほどこして、なかなか人気がある。これを怪しんだ長谷川平蔵は、この浪人者を捕えて銭の出所など訊問したところが、じつはお尋ね者の巨盗だとわかった。長谷川平蔵、なかなかの勘のよさである。また、あるとき、火事場で、りゅうとした法衣をつけたゆゆしげな僧侶が、一人の武士となにか話しあっている。火附盗賊改の長谷川は現場にかけつけてきていたが、馬上からくだんの僧侶と武士にふと目をとめた。六感である。時といい場所がらといい、ちと不審であるというわけで、すぐに捕まえて訊《ただ》したところ、これも指名手配中の大泥棒だった。長谷川はこの方面では相当の天才だったようだ。

長谷川はみずから市中をひそかに回って、こうした悪党を探り出したり、風説を聞いたり、組支配の勤務ぶりもさぐって歩いた。

ある夜のことだ。長谷川の部下が麴町九丁目あたりをパトロールしていると、向こうから、編笠を深くかぶって面体をかくした一人の武士が、足ばやにやってくる。怪しい奴だ！　長谷川の部下は職掌柄ピンときたから、すれちがいざま、身構えて声をかけた。

「待たれい！」

しかし、怪しい男は聞こえぬふりして行きすぎる。部下は、もう一度よびとめた。

「待てと申すに！」

すると、怪しい男は駈けだした。怪しき奴、逃がしてなるか！　部下は追った。ようやく追いついて、くだんの男のうしろから飛びつきざま、編笠をひっぺがした。とたんに、長谷川の部下は飛びすさって、いままでの勢いはどこへやら、ハハッと平伏してしまった。

「よし、よし。立たっしゃい」

怪しい男は鷹揚に声をかけたのである。長谷川の部下が平伏したのも道理、その怪しい男と見たのは、ほかでもない、部下の勤務ぶりを見回っていた長谷川平蔵その人だったわけだ。長谷川は部下に、

「やれやれ、ご大儀！　よくこそ心をつけられた」

言いのこして、去っていったという話である。作り話だろうが、当時の状況が察せられてお

もしろいので紹介したしだいだ。

江戸市中では、もちろん、いっさい政治向きの批判はならなかった。うっかりしゃべって、どこにいるかわからない隠密の手先きに聞かれたら百年目だ。銭湯でついいい調子になって、口をすべらし、不景気論を一席、御老中の政治の悪口を言ったばかりに、入湯客に化けていた隠密にそのまま引っ立てられたという話も伝わっている。銭湯と床屋は江戸庶民の社交場だが、さぞ気づまりになったことだろう。女郎屋の男衆にも三助にも油断がならなかったのは無論である。

隠密の話が出たから、江戸時代の隠密とはどんなものだったか、岡本綺堂『江戸に就ての話』（岸井良衛編）から紹介しよう。もっとも、これは江戸市中をコチョコチョ走りまわっている小者ではなくて、幕府が諸国の大名領へひそかに送りこむスパイの方の話である。

隠密の役目をつとめるのは、江戸城内にある吹上《ふきあげ》の御庭番で、一代に一度だけ隠密としての役をつとめればよかった。どうして、御庭番が隠密の役をやるようになったかということについては、いろいろの説があるが、三代将軍家光のとき御庭番の水野某を薩摩に潜入させてから、もっぱら隠密は吹上の御庭番がつとめることになったという説もある。御庭番は吹上奉行の組下で若年寄の支配を受けていたが、隠密の役にかぎってかならず将軍自身から直接に命令されたといわれている。御庭番の家にうまれたものは、いつその役を言いつけられてもいいように、日頃から覚悟していなければならないのはもちろんだが、そのときはなにに化けて行くかも工夫していなければならなかった。その人の得意の技をいかして、芸人になったり、あるいは旅商人、博打《ばくち》うち、俳諧師、巡礼、古手買い（古着屋）など、いろいろに変装したようだ。隠密の役を言いつかると、将軍からじきじき御手許金を下される。そして、そのままお城から目的地へ向かうならわしだった。ちょっと家へ寄って女房子供に別れを惜しんでからということは許されなかった。幕府が大名の領内へ隠密をしのびこます目的は、いろいろの場合があったにちがいないが、大名の代がわりには必らず出したという。これはお家騒動を摘発するためだ。隠密は一代に一度の役だから、無事につとめたら、あとは遊んでいるようなものだが、このたった一度の役目がたいへんだ。もちろん命がけにきまっている。隠密ということが露見してつかまって殺されても泣寝入りだ。いくら公儀の御威光でも、こればかりはちょっとマズイから、幕府の方から表向きにかけあってはくれない。頬かぶりの、それっきりというわけだ。このとき、公儀の隠密だということを白状したことがわかると（大名が幕府への厭がらせに、隠密を生かしたまま江戸へ送りかえすことだってあるが）、当人はもちろん死罪、家は断絶ということになる。だから、隠密はもしつかまえられたら、黙って殺されてしまうか、自殺するか、あるいは牢を破って逃げるか、これらの方法しかなかった。その用意として、いつも襟にうすい刃物を縫いこんでいたということだ。隠密の出張期限は一年間というのが建てまえだった。もし、それが三年たっても音沙汰なしだと、出張さきで殺されたものと認定されて、その子か弟に家を継がすことになっていた。こう聞くと、一代一度しかも一年のお役で、いたってのんきな勤めのようだが、あまり気楽ではない。並々でない大変な仕事である。

つぎに、吉宗が隠密をフルに活用した話にうつろう。彼が紀州藩主になってまもなくのこと、ごく賤しい身分の藪田《やぶた》助八数直《かずなお》という男を奥庭の役とした。これが直轄の隠密で、この下に横目二十人をおいて、城下を見回らせ、民情をひそかに探らせている。藪田以下たいへん吉宗の期待にこたえたので、この制度に味をしめたらしい。将軍になってからも、このやり口を大いに用いている。隠密――お庭番の制は吉宗からだという説もあるくらいだ。

この探偵政策は定信にも気にいったらしく、きわめて活用している。特に注意しなくてはならないのは、大坂では鳶田・千日・天満・天王寺の部落民を手先きにして諜報をあつめていることだ。もちろん、定信の差し金にちがいないが、部落民の貧窮と反感を悪用したもので、ちのちまで部落民自身が庶民の反感をよけいこうむるもとにもなった。

22　定信と七分積金

江戸には無宿もの、帳外ものがなんとなく流れこんでくる。しかし、仕事はない。食えないからけっきょく手っとり早い泥棒を開業する。良民は安心していられない。そこで、浮浪化したものを農村へかえしたり、人足寄場をつくったり、いろいろ手をうったが、なかでも、江戸市民の貧窮化をふせぐための政策の一つとして、寛政三（一七九一）年に江戸町会所を設けたのは出色の施策だった。これは生活に困ったものを助けてやり、一方では低利で金を貸してやる機関だ。これの運転資金には、江戸町入用《まちにゅうよう》の費用を節約して、その節約額の七割を積立てたものをあてた。だから、これを七分積金というが、すこしくわしく書いてみよう。

定信は触れをだして、天明五（一七八五）年から寛政元（一七八九）年までの五カ年間の町入用すなわち町費を報告させて、それを平均して一カ年の町費を調べた。とにかく、定信という人は、コマカイのである。節約一方だ。

どうも、かかりすぎているという結論が出た。それには、町火消や自身番、寄合いや祭礼の費用までいっさい含まれている。町入用というのは地主の負担で、それは地所の間数に応じてかかることになっていたが、けっきょく借地人や借家人に地代や家賃としてしわよせがきていた。そこで、町法を改正して、町入用を節約すれば、地代や家賃も安くなるというわけだ。「アレもけずれ、コレも無駄だ」と、いろいろ節約して、グッと緊縮された一カ年の新町費をきめた。

旧町費と新町費の差が大きく出た。そこで、その差額の一分（一％）は町内の臨時費あるいは予備費、二分（二％）は地主の増収、のこり七分（七％）を積立金ときめた。七分積立または七分金の名のあるところだ。

この積金を浅草向柳原《むこうやなぎわら》においた町会所《まちかいしょ》に積立てる。町会所には地主たちのうちから選ばれた五人の「座人《ざにん》」が勤務して、その下に助手の「座人手《ざにんて》」とか、幕府勘定方の御用商人のなかからえらばれて来ている「用達《ようたし》」とかがいて、金銭や米穀の出納にあたる。ほかに積立金を受けとったり町々への連絡係の肝煎名主《きもいり》がいるといった組織だった。勘定方や町方にも町会所係の与力と同心がいたが、これは事務に立ちあうだけの監督官だった。この組織からもわかるように半官半民である。

しかし、町会所の費用は積金からは出さなかった。幕府が二万両出して、それを勘定所用達が委任をうけて他に貸付け、その利子で町会所の諸費用をまかなったから、七分積金には手をふれないわけだ。だから、七分金はぜんぶ積立てられ、窮民の救済と飢饉のときの用意の囲籾《かこいもみ》に使われた。積金は毎月十一日から十五日までに各組ごとに日割をもって町会所にとどけた。その年額はだいたい二万両にもなった。貯蔵籾も積金がふえるにしたがって、どんどん多くなってゆき、あちこちに倉庫を増築しなければならなくなったほどだ。

この七分積金をはじめるときには、趣旨がわからないといって、地主たちが相当反対した。定信自身が『楽翁自伝』に書いている。

「……さるにその頃被二仰出《おほせいだされ》一しを、ただ上《かみ》へ聚斂《しゅうれん》せらるるやうに思ひたがひて、あるはかくのごとく、金銀上《かみ》へあつまらば、天下の通用の金《かね》少なくなるべし。又はその減じたるも、書面にて、実の減はさしてもなければ、その七分とて出《いだ》すも、地主の別にいだすにあたりはべれなんどと、さまざまに云ひ罵《ののし》りて、人々こはいかがあらん、この事行はるまじきかといひあひたり」

幕府ははじめ二万両補助したが、町会所ができて、貯蔵籾や積立金のおかげで、そののち幾度かおこった飢饉や災害のたびに、救済費を出さないですんだのである。この七分金の積立金の囲籾が、のちの幕末の大動乱のときでも、あくまで江戸市民のための費用としてしか使われず、どんなに幕府の財政がこまっても、こちらに手をつけなかったということは、ちょっと幕府を見なおしたくなる。これだけは見上げたものだ。管理が厳正におこなわれていた証拠でもあろう。

この七分積金にはおもしろい後日譚がある。徳川幕府が崩壊して、明治二（一八六九）年には七分積金制度を廃止した。明治五（一八七二）年には町会所も廃止され、これが営繕会議所になり、つづいて東京会議所となった。「幕府瓦解の後、明治七年、予が親しくこの公有財産の処分に当りし時に於ても、尚ほ米、金、貸地等を合して、その価格凡そ百四十三万余円を存したりと記憶す」と渋沢栄一は『楽翁公伝』に書いている。現在の金額になおしたらどのくらいになるか、おどろくべき金高だろう。

これを東京市の共有金とした。その金で、両国橋など四大橋の架け換えができ、東京府庁・市庁舎が建ち、養育院や現在の一橋大学の前身商業講習所が設けられ、青山や谷中に新しい墓地がつくられ、ガス事業もはじめられたと聞いたら、いささか驚かれるだろう。銀座にガス燈がつき、道路を舗装した費用も七分積金の一部だ。そして、文明開化の鉄道馬車がラッパの音たからかに走るようになったのも、もとは七分積金だ。まさに、「松平定信、鉄道馬車を走らす」ということになるだろう。さらにひとつ、渋沢栄一が明治政府を辞めたのは、この七分積金に目をつけて自由に操作してみたかったからにほかならない。それをくわしく書いていては、寛政の改革から、あまりに話がはなれすぎるというものだ。

この七分積金は掛値なしに出色の施策だと褒めていいが、現在の国民金融公庫だって、一般庶民が金を借りるのがなかなかむずかしいように、いやや、それ以上に、江戸の庶民は町会所から気楽に金を貸してもらえたわけではない。「困っております」だけではダメなのだ。表面上は「鰥寡《かんか》孤独《こどく》の者」でなければならなかったから、その願書には、「見継ぎ遣《つか》はすべき身寄の者御座無」云々と書くのが例になっていた。そんなことなら……と、いっそなんとか食えるうちはと、半分乞食みたいに成り下がっても、ほとんどは救済を受けにはいかなかったのだ。

江戸の五人組制度

さきに「肝煎《きもいり》名主」という言葉が出たついでに、ここでついでに江戸の市民生活について一言しておこう。

江戸には「町年寄」というのが三家あった。樽屋、奈良屋、喜多村だ。これが町奉行と市民との中間にたって、各月番で江戸市政の実際面をあずかっていた。町人の総支配、つまり市長みたいなものだが、半官半民的な存在だった。奉行所や評定所へ用があって出頭するときは帯刀だし、住んでいる家を御役所といった。

町年寄の下に名主がいる。一町に一名主とはかぎらない。支配地はふつう四、五町から七、八町だが、十五町も二十町も受けもっていた者もある。その仕事は、町年寄の支配をうけ、町内に関するいっさいの事務、町内の紛争の和解（たいていの民事訴訟に類することは名主の玄関で裁いた）、不良がいれば、それこそ補導もするし、ときには検束することもあった。また御触れや申渡しの伝達もしなければならず、裁判沙汰がおこれば、家主・五人組とともに奥印をする。人別改め、火の元取締りと、あれもこれもで極めて御用繁多というしだいだ。名主には類別がある。草分名主は江戸の草分だ。慶長以前からのものは古町名主。ふつうのものは平名主、寺社の門前を支配するものは門前名主といった。仕事の内容はおなじだ。ふつう勤務中はほかの商売をしてはならぬという原則があり、しかも役料はだいたい低かった。はなはだ割に合わぬようだが、幕府から賞与とか、いろんな名目の雑収入があった。それに、いっぱんの世襲で、顔はきくし、役得も少なくなかった。

名主には享保八（一七二三）年以来組合があり、寛政初年には「一番組」から「十七番組」まであった。一例をあげると、「一番組」は本町、本銀町、鎌倉町、三河町、新革屋町、本両替町、品川町、同裏河岸、室町、本船町、本町四丁目、鉄砲町、大伝馬町、小網町、北新堀町、堀江町、新材木町といった町々で、名主は十七人だった。

寛政二（一七九〇）年、この各組に「肝煎名主」というのを二、三人おくようになった。これは組内の名主が不正不取締りのないように監視したものだ。この肝煎名主は天保二（一八三一）年には廃止され、あたらしく「組合世話掛」というのができる。名主の仕事は幕府の統制干渉が強くなると、いよいよ事務用務が忙しさをくわえてくるのは当然だ。

各町には「五人組」があること、農村のばあいと精神は同じだ。法令を上から下に洩れなく知らせる便利のためというのだが、じっさいは、お互いを監視しあわせ、犯罪（もちろん年貢未進とか、夫役を怠るのも犯罪だ）を連帯責任制にして予防したり、諸届や契約証の請人《うけにん》に立たせる制度だ。農村では五人組の請書には、法令集ともいうべき前書がつけられていて、これを五人組帳前書というが、村役人は毎年正月早々それを読み聞かせて、五人組の百姓に徹底させ、違反のないようにさせる義務をおわされていた。

この五人組制度をなにかの形でおいていない藩は日本じゅうにひとつとしてなかった。統制がここに凝集されているのだ。ひとつの大きな狙いはその密告制度だということは説明するまでもない。警察力の不備をおぎなうためには仕方がなかったとしても、人間不信の観念を植えつけ、意見の発表を躊躇する引込み思案な日本人の性格をつくってしまった罪は大きい。戦争中の隣組以上だったのである。

ところで、よく誤解されていることだが、江戸では五人組をつくるのは家主だった。裏店の熊さん八さんのたぐいではない。

それでは家主とはどんなものかというと、地主の権限を直接おこなうもので、大家《おおや》とか、差配《さはい》とかいうもののことだ。地主で家主も兼ねているものは家持とか居附地主とかいう。地面を借りて家をもっているものは地借人という。だから借地のうえに自分の家をもっていても家主ではない。いまの通念とは遥かに違う。

五人組は家主からなるのだから、五人組の仕事が家主にかぶさってきて、相当うるさく面倒だ。町内の家持、借地、店借の者がさしだす訴願に連署し、その人が奉行所へ出頭するときには付き添って行かねばならない。検視検分に立ちあう、罪人を保留する、火消人足の指揮、町内の道路の修繕、火の番や夜回りなど、だいたい治安維持の仕事が主だ。五人組のなかで月番をつとめるものをさして月行事といった。

家主は地主から一定の給料をもらうが、また役目柄なかなか役得もあったから、とうとう家主株として売買されるようになった。

それも金持ぞろいの町であったら、収入も大きいから、株も高い。ふつう二、三十両から二百両まであった。これだって、三年もしないで元《もと》がとれたという。さきにあげた武士の株と比

較すると面白い。武士の身分を売ってしまって、

　いにしへはなにがし今は何もなし

おなじ身分株の売買でも、武家の方は深刻だ。すでに確実に町人時代が来ているのだ。

江戸町人の負担も幕末になるほど大きくなったが、そのなかで公役というのがある。屋敷地の間口に応じて役夫を課せられるものだ。享保七（一七二二）年には公役制をきちんときめて、江戸府内の土地を上中下三等地にわけ、上等地は表口京間五間、中等は七間、下等は十間について役夫一人、一年十五回かかるものとして、一人銀二匁のわりで納めさせている。国役というのもある。これは職人に課したもので、その職で公役にかえることになっている。このほかに、運上とか冥加の名目の雑税があり、また、江戸の町費すなわち地方税も少なくなかった。

ところで、庶民の大部分が住んでいる住居はひどく粗末なものだったが、長屋と裏店《うらだな》のことをちょっと説明しておこう。これはまま取り違えられる。長屋というのは一棟の家を何軒かに仕切ったものだから表にだってあるし、表にあれば商売している家もある。裏店というのは、表店のある町の商売もできない裏側にあるもののことで、まず貧民ばかり住んでいるところだ。れいの熊さん八さん階級の巣窟だ。連中はどんな仕事をして生きていたかといえば、日雇い、土方、大工左官などの手間取りがおもだ。この連中には税金もかかってこなかった。大工左官でもいちおう棟梁と名のつく連中は、小商人のいる横丁とか新道（町家のあいだの細い路）とかいうところに住んでいたから、裏店ではない。しかし、まずこの両者あたりが江戸ッ子の代表格になって落語などで活躍しているのである。

こうした裏店人種は江戸ッ子らしくイキで風呂好きだ。期せずしてそのことが、しぜんに疫病の予防に役立っていたことはたしかだ。それにしても人口の密集した貧民地帯での糞尿の原始的な処理、湿気の多い気候、そのうえ、すぐ出水する低地、おまけに陽あたりの悪い路地や裏店、衛生に対する無知、迷信……と考えてきただけで、疫病が毎年流行しないのが不思議におもわれるだろう。そこはよくしたものでと言いたいが、まことに皮肉なことには、江戸の花、ひんぴんとおこる火事が病菌を消毒してくれていたことも見逃せない事実だ。

今日のチフスのことを江戸では「時疫」といっているが、定期的に発生していたことが言葉からも知れる。安永二（一七七三）年江戸の疫病流行は死者十九万といわれる。疫病もまた飢饉とおなじように、人々は天災と考えていたらしい。江戸だけではない、安永七、八年ごろから各地にほとんど十年おきに疱瘡《ほうそう》の大流行があり、つづいてコロリ（コレラ）が猖獗《しょうけつ》した。それにたいする幕府の触れは、個条書きでいろいろならべてあるが、一つ二つあげると、まず次のような調子だ。

一、時疫には茗荷《みょうが》の根と葉をつきくだき汁をとりたびたび飲んでよし。

一、いっさいの食物にあたり苦しむに、大麦の粉をこうばしくいりて、白湯《さゆ》にてたびたび飲んでよし。

チフスにもコレラにもこの方法しかないのだからたまらない。けっきょく御祈禱にたよって、しぜんにおさまるのを待つばかりだった。このことは後章で書く機会があるはずだ。黒船の渡来はすでに傾いていた幕府の屋台骨をゆすりあげるが、そのときコロリ菌もいっしょに積んできたから、目に見えない毒をバテレンが天から降らしたように恐れおののいて、民心はいよいよ動揺したのだ。

23 異学の禁と言論統制

徳川氏は家康が朱子学の林道春を用いてから、林家が代々幕府の学政をつかさどっていた。したがって朱子学が幕府の正学となっていたが、林家はぬくぬくと幕府の保護のなかに居眠りしていて、なんの学問的な発展もなく、儒学界における権威をすっかりうしなっていた。老中でさえ、湯島の聖堂とはなにをするところか知らないありさまにまでなっていた。これから見ても、林家あるいは朱子学の権威がいかに落ちぶれていたかがわかろう。

このころは、儒学界は異説ふんぷんで、朱子学のほかに陽明学、古学、折衷学《せっちゅう》などがあり、派閥争いははげしく、思想混乱といってもいいような状態だった。それでは、各学派の特色をかいつまんで述べておこう。

陽明学は中国明代の王陽明（一四七二～一五二八）のとなえた学説で、朱子学の批判から出発した。唯心論的道徳哲学としての基本的立場は朱子学とおなじだが、陽明学は心の中にある良知を涵養するという主観主義的な修養を説いた。だから行為としてあらわれた外形すなわち形式よりも動機の純粋さを求めるところに特色があった。朱子学を道学と呼ぶのにたいして、陽明学が心学と呼ばれる理由もここにある。日本で陽明学を信奉した最初の学者は近江聖人といわれた中江藤樹（一六〇八～四八）で、その門下から熊沢蕃山などが出ている。後章に出てくる大塩の乱の大坂町与力大塩平八郎（中斎）が陽明学者だったことも、のちに思いあたられるにちがいない。

古学というのは、山鹿素行（一六二二～八五）伊藤仁斎（一六二七～一七〇五）荻生徂徠（一六六六～一七二八）の三人がとなえたもので、三人ともすこしずつ学風はちがうが、朱子学に反対し、朱子の注釈によらないで、直接に儒教の古典である論語や孟子や五経について、その本当の意味をさぐりつかもうと主張したところは共通している。また朱子学の内省的、禁欲的な精神主義にたいして、経験主義的な道徳論を主張している。朱子学が政治や社会の問題を個人道徳の問題に帰して理想主義的に考えるのにたいして、古学では法律制度や文物を客観的歴史的に見て、新しい政治の方向を見出だそうとしている。こうした思想、主として徂徠学は、なんとか藩政を改革して現状を打破しなければならないと考えていた諸藩の文教政策にしだいに影響をあたえはじめていた。

折衷学はその名のとおり、朱子学、陽明学、古学を折衷したにすぎない学説といっていいだろう。

朱子学は宋学の集大成者朱熹《しゅき》（一一三〇～一二〇〇）の学説であることは、ご存じのとおりだ。これを道徳思想の面からみると、内省によってきびしく自己を律しようとする精神主義の面と、一人一人に道徳観をはっきり持たして、それを全体におよぼし、ひいて社会秩序を確立しようとする理想主義的な社会観が裏おもてになっているところに特色がある。もうひとつわかりやすく言うなら、名分をただし、忠孝の道を踏みおこなうことが第一義というわけだ。幕藩体制下における治者あるいは武士層の学としてはうってつけだったわけだ。

松平定信には、この朱子学の精神主義が骨の髄《ずい》までしみこんでいたのである。だから、田沼時代からの武士の風俗がだらしなくなり、武士が貧乏し、商人が頭をもたげてきたことも、定信には歴史の必然的な発展の結果としては考えられない。みんな根本にある道徳観念がゆがんだり、すたれたりしたからだというふうに考えられたのは当然だ。士農工商の勢力関係がみだれ、社会全体の風俗が滅茶苦茶になっているのは、一人一人に道徳観念がなくなってきたからだと考えた。いまこそ、名分を正し、道徳観念をうえつけねばならない。そうすれば、風俗はよくなり、社会秩序ももとのようになると判断した。そこで、朱子学用うべし！　一番うってつけの学問は朱子学だと結論が出た。

まず旗本・御家人の精神をきたえなおすために、うんと文武に精をだし成績のよいものはどしどし抜擢し昇進もさせるが、反対に怠ける奴は、家督をついだからといって、そのまま父親の役職につけると思ったら大間違いだぞ――と警告している。

さて、定信は学制改革にとりかかった。朱子学の大家柴野栗山《りつざん》、岡田寒泉、尾藤二洲《にしゅう》といういわゆる寛政の三博士や古賀精里を起用し、幕府の文教の中心である聖堂で講義をさせ、林家の昌平黌《しょうへいこう》を幕府の官学として昌平坂学問所とあらためた。寛政二（一七九〇）年五月二十四日、大学頭《だいがくのかみ》 林信敬《のぶたか》につぎのような命令が発せられた。

「朱学之儀は、慶長以来、御代々御信用之御事に而《て》、已《すで》に其方家《そのはういへ》代々右学風維持之事被㆓仰付置㆒候儀に候得《さふらへ》ば、無㆓油断㆒正学（朱子学のこと）相励《あひはげみ》、門人共取立《とりたて》可㆑申筈に候。然る処近頃世上新規之説をなし、異学流行、風俗を破《やぶり》候《さふらふ》類《たぐひ》有レ之、全く正学衰微之故に候哉《か》、甚不二相済一事に而《て》候。其方門人共之内にも、右体《みぎてい》学術純正ならざるも、折節《をりふし》は有レ之様《やう》にも相聞《あひきこえ》、如何に候。此度聖堂御取締厳重に被二仰付《おほせつけられ》一、柴野彦輔、岡田清助も、右御用被二仰付一候事に候得ば、能々《よくよく》此旨申談《まをしだん》じ、急度《きつと》門人共異学相二禁之《これをあひきんじ》一。猶又不レ限二自門一他門に申合《まをしあはせ》、正学講究いたし、人材取立候様、相心掛可レ申候事」

　これがすなわち異学禁制の令だ。異学の禁とはいうが、聖堂学問所では朱子学以外の学を禁じたもので、全国的に他のいっさいの学を禁じたわけではない。しかし、幕府をはばかり、なんでもそれに右へならえするのが、だいたい各藩の方針だったから、これからのち、朱子学を藩学とするところが多くなったのは当然だ。

　朱子学を正学とすることに対して、林大学頭自身さえ反対だったのだから、異学ときめつけられたがわから非難の声があがったのも不思議ではない。なかでも、当時有名な学者、山本北山、亀田鵬斎、冢田《つかだ》大峯、豊島《としま》豊洲、市川鶴鳴《かくめい》といった人々は猛反対したものだから、この人たちのことを世人よんで異学の五鬼といったものだ。おなじ朱子学者でも京都の赤松滄洲《そうしゅう》なども柴野栗山に、幕府の学はこのように一方に偏してはならないと手紙を寄せたくらいだった。

　しかし、定信はこうした学者たちの反対意見も聞こえないふりをしていた。彼は朱子学を信奉してはいたが、学問の流儀にこだわることはないと言っている。それなら、なにも異学の禁など命令しなくてもよさそうに思われようが、ただ彼が政治をおこなうためには、とくに幕藩体制を強化する方針をすすめるうえに、もっとも都合のよい政治的倫理をもった朱子学をもって、一本太く上から下へ貫く精神的なバックボーンとしたかったのだ。だから定信は幕府内の思想統制を強行したが、反対論者を罰するような挙には出ていない。

たしかに、在野の学者が朱子学以外の研究をすることは勝手だったが、幕府は朱子学を正学とすると宣言しているのだから、それ以外の異学を学んだものは役人にしないとはっきり決めている。民間の自由な研究者なら別だが、当時学問とくに儒学は、武士層ではほとんど立身出世の方便として学ばれていたのだから、役人になれないときまっている異学をわざわざ勉強するはずがない。これは裏から見ると、政治的圧力で思想統制をしたと同じことになるのだ。

このように学制の改革をおこない、学問所の入学資格も幕臣、藩士、処士（民間にいて仕官しない者）およびそれらの子弟だけとした。それまでは庶民もいたのだ。そして、もちろん正学を教授し、「学問吟味」とよばれる学術試験をおこなった。これは中国の科挙や戦前の高等文官試験のような官吏登用試験ではなく、「よくよく正学をおさめ申した」といって、成績がよい者は褒美をもらえただけだ。しかし、やはり確実に立身出世の糸口はつかめる。だから学問吟味の受験者は増える一方だった。さきに「……ぶんぶ（文武）というて夜もねむれず」と、いいかげんフザケた大田蜀山人も、じつは狂歌ばかりつくって遊んでいたのではない。大いに学問したのである。その証拠に彼は寛政六（一七九四）年の学問吟味では、乙の部、すなわち御家人のクラスでは一番になっている。ちなみに甲の部が旗本クラスだ。

学問統制がしだいに地方にもおよんでくると、これまで陽明学や折衷学で生業をたてていた連中は弟子がなくなるから、たちまち困りはじめる。「天下とうとうとして朱にむかう」というわけで、あわてて看板の色を塗りかえねばならなくなった。異学の五鬼の一人、冢田大峯はその著『随意録』のなかで、そんな連中をこっぴどく皮肉っている。

「寛政庚戌《かのえいぬ》（二年）夏、官林祭酒に命ずるの書あり。朱学を称して正学と為《な》し、他学を謂つて異学と為す。此時に於て乎《か》、天下の学者、其の宋学を非とする者、瞿然《くぜん》色を変じ、俄《には》かに四書、小学、近思録を誦する者、以て其学風を更《あらた》むるの徒、亦た多く有り。嗚呼此輩《このはい》の学に於けるや、元来其の志を立つる其れ何如《いかん》ぞや。予為《われ》めに深く之《これ》を羞《は》づ」（原文漢文）

彼らエセ学者どもの狼狽ぶりがわかるではないか。

大学頭林信敬は寛政五（一七九三）年に亡くなる。そこで、将軍の特旨で、美濃（岐阜県）岩村藩主松平能登守乗蘊《のとのかみのりもり》の三男（四男ともいうが）熊蔵を林家の養子にして大学頭とした。林信敬は柴野栗山や岡田寒泉とどうもしっくりいかなかった。その信敬が死んだから、特旨ということにして熊蔵を養子として林家に入れたので、信敬が望んだのではなかった。しかし、この熊蔵が林述斎《じゅつさい》で、吉宗時代の賢相といわれた松平乗邑《のりむら》の孫にあたる。林述斎はなかなか政治的手腕があった。定信は述斎が養子になったおなじ寛政五年七月二十三日に辞職してしまうが、聖堂内の異学の禁制は述斎の手でいよいよ徹底させられる。そして、官学は大いに興隆するのである。

儒学にたいする定信の方針はこうだったが、田沼時代にあれほどさかんだった蘭学にたいする彼の方針はどうだったろうか。これについて、彼はみずからその著『宇下人言』に書いている。

「蛮国は理にくはし。天文地理又は兵器あるは内外科の治療ことに益も少なからず、されどもあるは好奇の媒《なかだち》となり、またはあしき事など云ひ出す。されば禁ずべしとすれば猶《なほ》やむべからず、況《いはん》やまた益もあり。さらばその書籍など心なきものの手には多く渡り侍らぬやうにすべきなり。上庫にをき侍るもしかるべし。されど読むものなければ只虫のすと成るべし、わがかたへかひおけば、世にもちらす御用あるときも忽ち弁すべし」

このように、洋学は実学として利益はあるが、むやみに流布するのはよくない。幕府の手もとへおいて、その支配の手段に利用するほうがよいと言っている。要するに、洋学の知識が普及すると幕藩体制に疑問をもつものが出てくる。定信はこれをおそれて洋書の普及を防ごうとした。あきらかに政治的な考慮から洋学を統制したのだ。

異学の禁令をだしたと同じ寛政二年五月に定信は出版統制もやっている。吉宗も出版統制をしたが、田沼時代には好色文学は大繁昌だし、政治に関する意見の発表もわりに自由だった。自由だったといっても、もちろん吉宗時代との比較においてのはなしだ。

だいたい幕府や諸藩が領内に触れる禁令は出しっぱなしというのが多い。解除の触れというのはまずない。したがって、禁令がいつのまにかゆるむと、またあらためて屋上に屋を重ねる式に出す。それを人民どもはなしくずしに有名無実にしてしまうという堂々めぐりをくりかえしているのである。

定信になると、出版をまたにわかにきびしく神経質に取締りはじめた。「書物草紙之類、新規に仕立候儀無用」というしだいである。華美な色刷りの浮世絵や好色本、政治を諷刺したり異説浮説を書いたものも「堅く無用たるべく候」というわけだ。「書物類、古来より有来通《ありきたるとほり》にて事済《ことすみ》候」といい、新刊は不必要だというのだからひどい。そのうえ、どうしても出版したかったら奉行所へうかがってから指図を受けろとか、作者のわからぬような本は商売してはならぬなどと、厳しかった。

この禁令が出てから一年もたたない翌三年三月になると、果然、禁令にひっかかって処罰されるものが出た。当時有名な戯作者《げさくしゃ》山東京伝である（彼は本名は岩瀬伝蔵といって宝暦十一〔一七六一〕年に深川木場にうまれ、文化十三〔一八一六〕年に死んだ）。彼は御禁制の洒落本《しゃれ》三種をつくり、表には教訓読本などと刷って、取締りの目をごまかそうとした。ベストセラーになったまではよかったが、ついに見つかってしまった。きっとれいの隠密の手先きにかぎつかれたことだろう。このため、京伝は手鎖（手錠と思えばよい。庶民に科した。罪によって三十日、五十日、百日の三通りがある。百日のものは隔日、五十日以下のものは五日ごとに手錠を検査したという）。五十日の刑、本屋は軽追放、板元《はんもと》は身上半減闕所《けっしょ》（闕所とは地所、財産を没収されること）と、単なる好色本のことでありながら、大変な目にあわされたものだ。

この翌年すなわち四年五月には、いわゆる寛政の三奇人の一人林子平（一七三八〜九三）が『三国通覧図説』『海国兵談』を著わしたのが不届きだというので処罰された。当時の判決文を知るためにもおもしろいと思うので、そっくり写してみる。

松平陸奥守家来

林嘉膳弟同居　子平

其方儀、縦令《たとひ》利欲に不レ致候共、一己《こ》の名聞《みやうもん》に拘《かかは》り、取留《とりとめ》も無《これ》レ之《なき》風聞、又は推察を以て、異国より日本を襲ふ事可《これ》レ有《ある》レ之之《べきの》趣《おもむき》、奇怪異説等取交《とりまぜ》、著述致し。右之内には、御要害の儀等も相認《あひしたた》め、其他地理相異の絵図相添《あいそえ》、書物《かきもの》又は板行《はんかう》致し、室町二丁目権八店《だな》、市兵衛方へ送り遣《つかはし》候始末《しまつ》、不レ憚二公儀一《こうぎをはばからざる》仕方、不届之至に付、兄嘉膳へ引渡、於二在所一蟄居申付候。尤《もつと》も板行物並に板木共取揚《とりあげ》候。

『三国通覧図説』は一口にいえば三国兵要地誌といった内容のものだ。三国とは日本に隣接している朝鮮、琉球、蝦夷のことで、それに小笠原もくわわっている。これが世に出たのは天明五（一七八五）年、すなわち田沼時代のことだ。寛政四年からすれば七年もまえのものだ。寛政三年に出した『海国兵談』の方が主として睨まれたのだが、そのとばっちりをこうむったものだろう。林子平は二度長崎に行っている。そのとき中国商人やオランダ人から、海外事情とくにロシヤ人の千島占領の話をきいて、大いに海防の必要を感じたのであろう。また、さきに田沼時代に書いたが、『赤蝦夷風説考』の工藤平助と交遊があったのだから、子平の海外知識は相当たしかだったことと思われる。

『海国兵談』も田沼時代に書きはじめたもので、工藤平助が序文を書いている。本論は四辺海にかこまれている日本の海防の必要をといたもので、彼の仮想敵国はロシヤと清国だった。定信も海外事情にはわりに明かるかったし、海防の必要もさとっていたのだが、なぜ子平を罰したのだろうか。子平以上に工藤平助なども突飛なことを言っているが、彼は罰せられていない。それは子平の方法がまずかったというしかないようだ。幕府に上書して意見を述べる形をとればよかったにちがいない。それなのに、彼は自分の意見が当局に聞きおかれるだけでは物足りなかった。諸大名に説いても聞き入れてもらえなかった事情もあった。自信は満々なのだから、いっそ公然とやってやれとばかりに宣伝これつとめたのだ。「ただ返すがえすも見る人、熟読翫味《がんみ》せよ」と大声叱咤したからたまらない。おまけに「外敵が来るぞ！」と呶鳴りたてられては、人心動揺をきたす。したがって治安妨害だ。幕府安泰第一主義の定信が怒るはずだ。幕政に口出して、奇怪な異説を述べ、公儀をはばからぬ不届な奴、と永蟄居を命じてしまった。仕方なく子平は、「親もなく妻なく子なく板木なく銭もなければ死にたくもなし」と、れいの六無の歌などつくって憂さばらしをしていた。

また同じころ、浮世絵の喜多川歌麿も手鎖の憂き目をみている。

24　シベリヤの風

異説風説をたてて人心を動揺さすといって林子平を処罰したのが寛政四年五月だ。それからわずか四カ月のち、子平の言ったとおり、ロシヤ船が根室からやってきたのである。ロシヤの使節ラクスマンがエカテリナ女帝の親書をもって通交をもとめてきたのだ。それとなく気にはしていたが、やはり霹靂《へきれき》にはちがいなかった。けっきょく定信は鎖国を理由に拒絶し、そのあとで沿岸諸藩の海防を厳しくするように命じたり、江戸湾防備計画のため、みずから伊豆、相模を巡視したりした。いよいよこれから幕府が対外問題で本格的に周章狼狽させられる幕開きのようなものだ。

このロシヤ使節は同じ船で二人の日本人漂流民をおくりかえしてよこした。引出物《ひきでもの》というわけだ。この二人は伊勢亀山領内のもので、神昌丸という船の船頭幸太夫と水主《かこ》の磯吉というものだった。天明二（一七八二）年の暮に紀州の御回米をつんで十七人が乗組み、江戸へむかう途中、駿河の沖で暴風にあって遭難したのだ。ラクスマンにつれられて根室に送りかえされてきたのが寛政四（一七九二）年九月だから、じつに十年ぶりの帰国だ。十七人がわずか幸太夫と磯吉の二人になったが、その模様を書いてみよう。

さいわい神昌丸は沈没をまぬがれたが、なんと、太平洋を漂流すること八カ月だった！　飲み水にいちばん困ったが、それは雨水をとる工夫をしてどうにかまにあわせた。浸水がすくなかったのと米をぜんぶ捨ててしまわなかったのはなによりの幸いだった。天明三（一七八三）年七月二十日にアリューシャン列島の一島にようやく流れついてロシヤ人に助けられたが、そのわずか五日まえに、ついに力つきて儀八という男が船中で死んでいる。

ロシヤがシベリヤに本格的に進出しはじめたのは十八世紀になってからだが、このころではすでに、カムチャツカからアリューシャンにまで出てきていて、おもに海獣の毛皮をとっていた。日本人の船乗りたちを助けたのも、こんな男だった。東方植民地経営のために遠い本国から建設資材や生活必需品を陸路で輸送するより、東方領土から直接にそこの産物を輸出して日本なり琉球、中国沿岸あるいは比島から必需品を海上貿易で輸入したほうが便利だ。ロシヤがしきりに日本と通商したがったのはこのためだ。もちろん領土的野心がなかったとはいわないが――。

この島で漂流民たちは四年ばかりすごしている。しかし、漂流中の衰弱となれない生活のために、たちまち風土病におかされて、はじめの半年のあいだに七、八人が病死してしまった。

天明七（一七八七）年七月のことだ。この島に海獣とりの船がよったのをようやくつかまえて、生き残った連中はシベリヤの東のはずれカムチャツカのペトロポーロフスク港にわたることができた。ここはロシヤとは地つづきで、蝦夷人のような土人が住んでおり、「日本にて代官と覚《おぼ》しきもの住居仕候」と幸太夫たちが帰国後、幕府の役人の訊問にこたえた供述書の中にいうから、ロシヤ皇帝の任命した地方官が威張っていたのだろう。しかし、ここでは食糧事情がひどくわるく、一日八人へ五寸四角の牛肉一片と米一合ずつという状態だったから、木の皮まで食って飢えをしのいだ（これから見ても、ロシヤ人が日本から米を買いたがっていた事情がわかるではないか）。このため、天明八（一七八八）年北極に近い遅い春が待ちきれずに、三人がまたつぎつぎと死んでしまった。五月になって、ようやく氷がとけると、川がひらいたので、魚をとって腹をみたすことができるようになった。六月になって川船で西岸チギリスクというところにようやく向かうことができた（供述書の中の年月日はロシヤ暦と日本暦が混同しているところもあるようだ）。

天明八年八月一日に沿海州のオホーツク海側にひらけたオホーツクという町につき、陸路をヤルクーツクに向かい、九月十一日についている。シベリヤの夏は一瞬の間にすぎてしまう。

もう雪がふりはじめているのだ。

「ここは世界の北東の隅《すみ》で、六、七、八月のころは、昼と夜のさかいがわからない。日が沈んでも、日本の曇天の日よりも明かるい」とは幸太夫の観察である。十二月十三日に、日本ならさしずめ足軽といった軽輩につきそわれ、ヤルクーツクを出発、寛政元（一七八九）年二月七日にバイカル湖畔のイルクーツクについた。

彼らはこの町に滞在して、二度三度とペテログラードの皇帝に帰国させてほしいと請願したが、「このままロシヤにおらぬか。相当の役人に取立てよう」とか、「商人になってはどうだ。皇帝からもとでの金もくださるし、年貢も取らないと約束する」などと返事はあったが、帰国のことについては一向に指示がない。そうこうしているうちに二年もたってしまった。そのあいだに、また一人なかまを失ったから、郷里を出たときの十七人が、いまではたった五人になってしまった。心細い。いよいよ帰心は矢のようだ。

この一行に至れりつくせりの世話をしてくれたのが博物学者エリク・ラクスマンであった（使節として来日したのは長男の陸軍中尉アダム・ラクスマンだ）。あまり返事が長びくのは、きっと近臣が請願を握りつぶしているのだろう。直接ペテログラードの皇帝のところへ行ったほうがよかろうというエリク・ラクスマンの意見にしたがって、寛政三年正月十五日、幸太夫と磯吉、それにエリク・ラクスマンと他に二人の赤人（露人）がつきそって、いよいよ首都への旅にたつのである。シベリヤのイルクーツクから欧露ペテログラードへの旅、五千八百二十三露里の長い長い馬の旅である。それでも日をかさねて歩きつづけるうちに、いつかウラルを越えて欧露にはいっていた。ついにモスクワにきて、ここで一日だけとまった。イルクーツクを発って三十五日目、ようやくペテログラードへ着いたのである。これでは二年間に皇帝の返事を二、三度しか得られない道理だ。幸太夫はロシヤの広さに目をまわした。天明三年七月アリューシャンに漂着してから、寛政三（一七九一）年二月二十七日露都へつくまで、じつに七年半を費している。とにかく、ロシヤの東の果てから西の端まで縦断したのである。

五人の生残り日本人のうち、イルクーツクに残った他の三人のことに疑問をもたれるだろう。幸太夫、磯吉のほかの三人の名は、庄蔵、新蔵、小市《こいち》というのだが、大病をわずらった庄蔵はすでに「ロシヤの宗旨に相成申候」と幸太夫が言っているから、一番はやくロシヤ正教に転宗して、帰化し、キリシタン禁制の日本へは帰らぬつもりになっていたのがわかる。新蔵も幸太夫たちが出発したあと大病をわずらったが、五月末になおったので、あとからペテログラードに追いかけて来ている。しかし、新蔵も庄蔵とおなじようにロシヤ人を妻にし、すでにロシヤ正教へかわっていたのである。

「新蔵は両足ともに腐《くさ》り、膝節《ひざふし》より切り取《とり》、療治致《いたし》全快仕候。両足を木にて作り、継足《つぎあし》仕候」と幸太夫が言っている。おそらく凍傷が悪化したものだろう。ペテログラードに幸太夫たちを追ってきたときは、まだ、それほどではなく、一時小康状態のときだったろう。

「わしはロシヤの女を嫁にもろうた。正教徒にもなったから、もう国へは帰らん決心じゃ。わしと庄蔵の帰国のことは皇帝に願わんでくれ」

それを言いに来たことだろう。また今後のロシヤでの生活のことを請願する用事もあったろうとおもわれる。さて、もう一人の小市のことだが、女房もちだった哀れなこの男のことはのちに書く。

露都ペテログラードに彼らは九カ月滞在するが、予想もしなかった大へんな歓迎攻めだ。ときの皇帝エカテリナ二世に接見し、帰国の許可を得て、たくさん高価な珍しい下賜品をもらう。「国王へも心易《こころやす》く度々参り噺《はなし》等仕候」と言い、内外の高官や大商人などからも毎日のようにまねかれて、「食事抔《など》も、旅宿にて致候事無レ之」というモテかただし、高官はたびたび彼らを宮殿へ見物に招いたというから大名旅行もその比ではない。

いよいよ寛政三年十一月二十六日に露都を出発、欧露からシベリヤを縦断し日本への船の出るオホーツクへむかうことになる。出発にあたっては、幸太夫には金二百五十枚、磯吉と小市（彼もあとから露都へ来たのだろう）へは五十枚ずつ、そのほか旅行のために馬や馬車ももらった。みんなエリク・ラクスマンの世話だったのだ。ロシヤにのこる新蔵もイルクーツクまで同道するが、彼がなにをもらったか書いてない。途中またモスクワ見物をし、寛政四年正月三日にイルクーツクに着いている。往きにくらべれば、われながらこれが同じ自分かと疑うような旅だったにちがいない。

イルクーツクではさきの長い滞在中の知合いや、帰る者のこる者のお別れの宴が連日つづいた。そして、いよいよ日本訪問使節アダム・ラクスマン中尉とその父エリク・ラクスマン、それから同船して日本にむかう通訳などと同行して、オホーツクへむかった。オホーツク着は一七九二年八月三日、そして、アダム・ラクスマン中尉以下使節団をふくめた露人三十九人、帰国する漂民幸太夫、磯吉、小市の三人、つごう四十二人をのせた露船エカテリナ号が出帆したのは九月十三日。親身になって面倒をみてくれたエリク・ラクスマンとの別れが悲しく、幸太夫は泣きくずれたと記録にのこっている。さて、その船が根室についたのは十月十七日、「時分は日本の九月三日に相当申候」というわけである。

ここで、ラクスマン中尉と日本側の役人との交渉がはじまるのだが、れいによって、松前藩だけではかりかねるというわけで、江戸に報告したり、幕府が長評定したり、その使者がノコノコ来るまでには、すぐ半年一年はたってしまう。あげくに鎖国を理由に追いかえすのだ。こんな調子だから、ようやく蝦夷地まで帰ってきた幸太夫たちも、おいそれとは引取ってもらえない。そのうち年はあけて寛政五年になってしまった。哀れなのは小市だった。故郷にのこした女房に会いたさに庄蔵や新蔵のようにロシヤの女と結婚したり改宗したりしないで、いちずに恋女房の待つ日本の一角まで帰ってきたのだが、抑留中に病死してしまったのである。

まったく九死に一生を得て、なつかしい日本へ帰ってきても、まず彼ら漂流民を待ちかまえているのは、幕府役人の厳しい取調べだった。ああ、日本へ生きてもどってきた！　願うのは一秒も早く故郷に帰って肉親に会いたい、自分の無事な顔を見せたい一念だろう。それなのに、生還者はまず罪人のように牢屋ゆきだ。牢といっても、もちろん未決の留置だが――。そこで、何日も何日も調べられる。なにも好きこのんで漂流し紅毛異人の国へあがったのではないが、いちおう鎖国という国禁を犯した疑いをうけるわけだ。御禁制のキリシタンになってはおらぬか、漂流の状況を述べさせ、抜荷買いの計画はなかったかなどを、くどくど調べられ、役人が筆で「切利支丹には改宗不レ仕候」などと書きすすめながら、「いつわりは申すまいな」という具合だ。そのうえ江戸表へ指示を仰いでいるのだから延々何日何月にもおよぶ（幸太夫と磯吉の漂流記もこのような供述書がつたわっていてわかるのだが――）。しかし、日本にもどった安堵と、目と鼻のさきにいる肉親へ一刻も早く会いたい焦りと、いつおわるかわからない取調べと抑留のために、ついに牢内で発狂したり自殺したりしてしまった悲劇も多いのだ。

　小市も幕府とラクスマンの交渉が長びき、抑留されたまま根室で冬を越さねばならなくなったが、ついに故郷を見ることができずに病死してしまった。哀れなのは、この小市ばかりではない。彼の恋女房は再婚もせずに夫の生還を信じて待っていたのだ。十年もの長いあいだ！ひたすらにお伊勢さまを祈りつづけた。そのかいあってか、夫の小市が帰ってきたと聞かされたときの喜びは、いかほどであったろう。しかし、その歓喜も束の間、こんどは小市の病死の報がとどいた。小市が生還したというしらせが、なかったほうが、まだよかったにちがいない。妻は歓喜の絶頂から信じられないほど深い深い絶望の奈落につき落とされて、あわれ、発狂して死んでしまったという。幕府もさすがに小市の死を不愍におもったものか、とくに銀十枚を与えたのだが、すでに発狂していた彼女にとっては路傍の石ころほどの値打ちもないものだった。

『蝦夷地初発記』という本に「漂流民御覧之記」がのっている。長い抑留と取調べがおわった幸太夫と磯吉が、寛政五年九月十八日に江戸城に召出される。将軍上覧というしだいだ。もちろん将軍は家斉だ。場所は吹上の庭。御見物所の正面にはみすがさげられて、その内側から将軍さまが御見物なさる仕掛けだ。その両側、あるいはしつらえられた張出しには、老中以下ずらりならぶ。御目附中川勘三郎、矢部彦五郎両人が本日の執事だ。白洲には幸太夫、磯吉のために床机が二脚おいてある。そこへ召出された両人に張出しにならんだ小納戸頭取以下から、いろいろ御問いただしがあるのだ。このときの両人の服装を写してみる。十年余りもロシヤ暮らしをしたのだから、将軍以下目を丸くしたのも道理、すっかりロシヤ風だ。

「幸太夫齢《よはひ》四拾二、髪をば三つに組レ之、掖《わき》に垂れ、黒き緒《いと》にて巻き、黒き氈笠《せんりふ》（毛織りものの笠だから帽子のことだ）をわきばさみ、襟には黄金にて作りたる小き鏡のごとき物を掛《かけ》（階級章のようなものだろう）、桃色の銀莫駁児にて製したる筒袖の外套《うはぎ》に、赤き玉の衣紐《ぼたん》を施し、同じ織物の袴（ズボン）をはき、紺地の錦《にしき》の緊身《したぎ》を著し、足は白き莫大小《めりやす》の上に、黒き百爾西亜革の深沓《ふかぐつ》を履《はき》、魁藤《まると》の杖を突けり」

まさに第一装用のいでたちである。そのそばの磯吉は二十八歳、彼のいでたちも幸太夫と大同小異だった。「拝をなして床机に座したる体《てい》、更に此国の人とは見えず、紅毛人の形に髣髴《ほうふつ》たり。（中略）誠に千古の一大奇事也」まったく、びっくりしたことだろう。

こうした漂流民がほかにもあり、露領に漂着して、ロシヤ人と結婚し、改宗し、帰化したものが、これまでにもあったろうことは、すぐに想像されるところだ。ロシヤは東方経営の政策上、日本との通商をのぞんでいたから、はやくから日本語研究は熱心だった。日本語を知るには漂流民を保護して、彼についておぼえるのが一番てっとり早い。れいの「小便公方」家重のころ、すなわち宝暦三年には奥州南部郡《なんぶごおり》の竹内徳兵衛ほか十六人が露領に漂着している。そのうち数人はロシヤ人と結婚して住みついてしまった。ある者はロシヤ名前にかわって役人になっている。また、このときの漂流民のなかに久助という者がいたが、これとロシヤ娘の間にできた日露混血のイワン・ビリホイッチ・タラベズニコフはラクスマンの船に通訳として乗ってきている。別の通訳も久助から日本語をならったといっている。エカテリナ二世のときにはカムチャツカ、オホーツク、イルクーツクは日本語研究の中心で、イルクーツクにはすでに日本語学校さえできていたのだ。

幸太夫、磯吉と別れてイルクーツクにのこった義足の新蔵と庄蔵はどうなったろうか。皇帝の命令で、彼らは日本語学校の併設してあるイルクーツク小学校の付属校舎で寝起きし、相当の俸給をもらって、日本語を教えていた。はじめは神学校の生徒のうちから選抜されたものに日本語をおしえていたのだが、だんだん日本語学校がさかんになって、別に二階建ての立派な校舎までもつようになった。

寛政七（一七九五）年には、また仙台の漂民津太夫たちがイルクーツクにいっているが、もうそのころは、義足の新蔵も庄蔵も立派なロシヤ人になりきっていて、新蔵はニコライ・ペトロウィッチ・コルテーギン、庄蔵はペオドル・イワーノウィッチといっていたという。林子平の『三国通覧図説』を仏訳したクラップロートはイルクーツクにいるあいだに新蔵から日本語をおそわって訳したと自序に言っている。おもしろいことに、新蔵はなかなか頭もよく、ロシヤ語を話すことはもちろんだが、露文も自由に書けるほどだったのに、母国語の日本文ははなはだ不得手だったらしい。漢字は少ししか知らず、仮名文もあやしかったとクラップロートは言っている。新蔵ほどの頭をもっていても、たかが船乗り、伊勢にいたときにはロクに寺子屋にも行かれず、追いつかわれていたのだろう。仙台の漂民津太夫たち十三人のうち九人までが帰化した。そのうち何人かはまた日本語学校の先生になっている。

こうした漂流民の話はじつに多い。なぜだろうか。

日本人の航海造船技術は寛永の鎖国以前は世界的だといっていいくらい進んでいた。一例をあげれば、慶長十八（一六一三）年伊達政宗の臣支倉常長《はせくらつねなが》がローマに使したときの船をみてもわかる。太平洋を二度三度往復してもビクともしなかったし、そののち、スペイン政庁に懇望されて譲ったというほど立派なものだったという。それが鎖国以来大船建造は禁止せられ、航路も沿岸だけに限られた。およそ二百年間というもの、港で風待ちして、順風が吹くときだけ陸地を見ながら走るといった航海ともなれば、おのずから航海術も造船技術もすっかり停滞し、しだいに低下するのはあたりまえだ。ちょっとの強風に吹き流されて陸地を見失ったら、もう駄目だ。原始的航法しか知らない。裏針《うらはり》といって方向を逆に記した旧式の磁石しかない。あとは伊勢神宮を祈るだけ。風まかせ潮まかせで流れっぱなしという悲惨な状態になる。

それでも国内海運だけは年々発達していた。商業の中心大坂へむかって船で各地からの産物、主として米が集まってくるからだ。とくに、江戸の日用必需品を送るために大坂と江戸の間には菱垣《ひがき》回船、樽《たる》回船が定期に航行した。これが南海路といわれるものだ。長崎から瀬戸内海を通り大坂にいたるのは西海路で、これは長崎貿易品、九州や沿岸諸藩の米や商品を大坂に送った。裏日本や東北諸地域から年貢米を大坂や江戸へ送る航路は、日本海を下関までまわってきて瀬戸内海にはいり大坂にいたる西回海路と、津軽海峡から太平洋に出て東北地方沿岸をつたって江戸へくる東回海路がある。また下関から日本海をとおって松前をむすぶのを北海路というが、北海路と東回海路は河村瑞軒によって四代将軍家綱時代にひらかれたものだ。このほか、各地方間の回船は裏回船の名でよばれた。商品経済が発展して、こうした沿岸海運がさかんになればなるほど、難船漂流という災難もふえてくるわけだ。

ここで、ついでに、いくつかの有名な漂流譚を紹介しておくことは無駄ではあるまい。

長期漂流の記録はなんといっても尾張の船頭重吉だろう。重吉は十三人の乗組員をつれて文化十（一八一三）年十一月、持船の督乗丸《とくじょうまる》で尾張藩の回米を江戸へ運んだ。その帰りみち、伊豆沖で暴風のために遭難した。それからが大変だ。おどろくべし、それから一年五カ月もの長いあいだ太平洋を漂流しつづけたのだ。南米チリ海岸の沖あたりとおもわれるところで、イギリス船に救助されたとき、重吉以下三人しか生き残っていなかった。文化十年十一月から漂流し、彼らは太平洋上で二度目の正月をすませたあとの二月末だった。それにしても、ほとんど奇跡としか思われない話だ。長い漂流中の食い物や水のことより、まず心をうつのはその「意志」の力だ。通常の人ならとっくに気が狂うだろう。このおどろくべき体験談は後年三河の国学者池田寛親《ひろちか》という人がじつにくわしく書きとめて『船長日記《ふなおさ》』という本にしている。

一年五カ月もの漂流のあいだ、はじめの半年がすぎるまでに、十人がつぎつぎに死んでゆく。一人は暴風にあった最初の夜に海に落ちて行方不明になっていたから、のこるは重吉と重病人の音吉、半兵衛の三人だけだ。

とにかく、栄養失調が原因にちがいない、つぎつぎに死んでゆくが、それにしても、三月半年も生きられたというだけで驚異ではないか。さきに見た神昌丸の八カ月の漂流もそうだし、そのほかにも何カ月もの漂流譚はいくつもある。もちろん、この間、天水をとるにしても、食い物が魚だけではしのぎきれない。こうした漂流船は日本沿岸航行用の船だが、だいたい千石積みの大形和船で、わりにがんじょうに出来ていたことと、なにより米回船だったのが幸いしたのだ。とにかく米だけは持っていた。重吉の督乗丸は回米の帰りだったが、五斗俵六俵と大豆七百俵を積んでいたのだ。もちろん、このころ小さな漁船なども流されたことだろうが、漁夫の漂流記がほとんど残っていないのは、回船とこうした点がちがうから、漁夫たちのばあいは早く外国船にでも見つけてもらわないかぎり救われる道はなかったわけだ。ずいぶん漁夫も漂流し、たくさん死んだことだろう。

さて、重吉を救助してくれた英船の船長ペゲツはたいへん親切な男だった。英船は太平洋を北上して、ノバ・エスパニヤ（現在の中米メキシコ）の港にはいると、停泊の十日ほどを利用して、病気の二人を上陸させて療養させてくれた。やがて、また英船は北アメリカの西岸を北上しルキンという河港にはいる。船の修理のためだが、そのとき修理材料をはこんできた一人の労働者に「お前は奥州の者か、松前の者か」と日本語で声をかけられて、重吉はとびあがるほどびっくりした。そこで重吉はいろいろ身の上を話したのだが、相手はじぶんから声をかけてきたくせに、本名を明かさないばかりか、日本人ではないといって行ってしまったという。これも不幸な漂流者の一人で、奴隷にでもされていたのにちがいないのだ。英船はさらに北上してアラスカのシトカ港にはいる。ここは当時帝政ロシヤ領だ。重吉はここで、ロシヤ・アメリカ会社の支配人バラノフという男から、日本製のいろいろな品物を見せられてびっくりしたり、白人の美女をオトリに妻帯してここにのこれとすすめられ、ついその気になりかけたりするが、やはり日本恋しさから英船にもどってくる。

船長ペゲツは、この港にいるロシヤかオランダの、捕鯨船か貿易船にたのんで重吉を日本に送ってやるつもりだったのに、重吉たちの心をあわれんで、わざわざシベリヤのオホーツクまで送ってくれることになる。オホーツクにゆけば日本の通訳もいることを知っていたし、ロシヤの船でそこから日本へ送ってやろうとしたのだ。しかし、すでに陰暦八月半ばでオホーツク海は濃霧の季節だった。そこで仕方なくペゲツはカムチャツカのペテロポーロフスクに入港して、重吉たちを土地の長官ルダコフに頼んでくれた。

重吉たちは長官から、つい四年まえにこの地に高田屋嘉兵衛という名のとても腹のすわった日本人の商人が捕えられてきていたことを聞かされた。しかも、つい先《せん》だっては三人の日本漂流民を送って船を出したばかりだという話だ。いよいよ日本は近い。矢も楯もたまらないほど帰りたい。

そのようなある日のこと、さきに三人の漂流民を送っていった船がかえってきた。だが、送還されたはずの三人ももどってきていたのだ。逆風で目的地に着けなかったという。しかし、遥かな異郷でなつかしい同胞にめぐりあったのだ。彼らは抱きあってむせび泣いた。その感動がわかるではないか。聞けばその三人は薩摩の船頭喜三左衛門と二人の乗組員だという。重吉たちが遭難した一年まえの文化九年に難船し、やはり半年あまりも漂流したが、千島に流れついたところをロシヤ人に助けられたことがわかった。

そのころ、すでに結氷期になっていて、もう送還船は出せないという。いまは六人になったこの地の漂流民は嘆き落胆し途方にくれたが、ここで冬を越すよりなかった。そして、待ちに待った送還船がいよいよ出帆することになったのは翌年文化十三（一八一六）年五月末であった。英船の船長ペゲツは海の荒くれ男ではあったが本当にどこまでも親切な男で、自分の船は帰らせて、彼一人で重吉たちにつきそい、冬の間の滞在費も自分のふところから出してくれていたのだ。こんどもまた、送還船にいっしょに乗って送ってくれることになった。船は千島沖を南に下がってゆく。ただ不幸なことに、ここまで来て、ついに半兵衛は船中で息を引きとる。一年半の漂流を重吉たちと共に生きぬいてきた半兵衛だったが、故国を目のまえにして彼は死んだ。

ロシヤ船の船長はクナシリ島の近くまで来たが、日本側との摩擦を心配して急に船を着けることを拒んだ。ペテロポーロフスクへ引返すと言いだしたから重吉たちはおどろいた。だが、ここまで来て引返したら、またいつ日本へ帰れるかわからない。そこで重吉たちは船長に、ボートを一艘くれと懇願した。重吉以下五人で手近な島へ漕ぎ寄せる。顚覆したら泳いで渡る決心だ。ペゲツは心配して、いまは日本へ帰るのは諦めろ。自分といっしょにイギリスに行こう。文明の国々を見てまわろう。そのうち、また自分の船が東洋にくるから、そのとき必らず帰らしてあげようと、親切に言ってくれるのだが、日本を目の前にした重吉たちは帰りたい一心だった。この申出もことわるしかない。そして、一艘のボートに運命を託して、送還船をはなれると、北海の荒波の中へ漕ぎ出したのだ。いつまでも手を振っているペゲツ。そしてヒゲ面の赤人たち。やがて人々の面影はかすみ、船も視界から消えた。しかし、運命を賭けたこの冒険も、一度は力つきてまた漂流しはじめたが、ついにエトロフ島にたどりつくことができたのである。ときに、文化十三年七月九日だった。それから例の長たらしい取調べがはじまり、尾州藩へ引渡されたのが翌文化十四年四月、故郷に帰ったのが五月であった。

重吉は江戸で、やたらに海外での見聞をしゃべってはならぬ、行商などして歩きまわることも罷《まか》りならぬ。そのかわり生涯二人扶持を給すると申し渡された。

つぎの話は異国への漂着ではない。おそらく硫黄島か鳥島あたりと思われるが、まことに稀有の体験だ。享保四年の冬には遠州の船頭佐太夫以下十二人が九十九里浜の沖で遭難し、無人島に漂着する。運よく島に流れついた難破船の米をまいてわずかな陸稲を収穫し、アホウ鳥を食って生きながらえるが、これも何年かたつうちに三人だけになる。しかも、後年この島に漂着した男たちから暦を聞いたときには、なんと、その間に二十年の歳月がたっていたのだった。彼らはのちに助かって、将軍吉宗のまえで島の生活を問いただされている。

さきに尾張の重吉がルキンという河港で労働者になっていた日本人の漂流民らしい男に声をかけられて仰天した話を書いたが、このように異国に流れついたり、捕鯨船などに助けられたりして、ああ、助かったと思ったとたん、相手が悪くて、そのまま奴隷に売られた者も多かったにちがいない。つぎの話も、その例だ。

天保初年というから、まだ十一代家斉将軍の晩年だとおもわれる。これも尾張の男で岩吉という者ほか二人が、太平洋を十四カ月も漂流し、カナダ西岸クイン・シャロット島にようやく着いている。しかし、岩吉たちはインデアンの奴隷にされてしまった。そこを運よくイギリス人の毛皮商人に助けられ、ロンドン見物までさせてもらっている。のちに、東印度会社の船でアフリカ喜望峰をまわり、中国のマカオまで帰ってくる。マカオではドイツ人宣教師の家にあずけられた。ここで、思いがけなく肥後の漂流民で寿三郎という男ほか三人といっしょになる。

寿三郎たちがどうしてマカオにいたかというと、彼は天保五（一八三四）年——この年は、後にいわゆる「天保の改革」をおこなう水野忠邦が老中になっている——肥後の天草島の沖から吹き流されて、フィリピンのルソン島に流れついた。あやうく原住民にとっつかまるところを命からがら逃げて、マニラにたどりつき、中国のマカオに送られてきていた。そこで、尾張の岩吉たちに遇ったわけである。

この七人の漂流民の送還を機会に、日本と貿易をひらき、キリスト教の宣教をしようという目的で、在マカオのアメリカ商館はモリソン号を派遣した。日本側を刺激しないように相当神経をつかっている。いつもなら装備するはずの対海賊船用の武装も一切せず、日本人の喜びそうな土産物や商品見本だけつんできたのだ。そして、モリソン号がまず浦賀沖についたのが天保八（一八三七）年六月二十八日だ。これは長崎に入港したら、日本貿易の利益を独占しているオランダ側が商売敵として妨害するだろうと予測したからだ。

七人の漂流民たちは日本の島々が見えはじめたときから、ほとんど狂人になったように喜びはしゃぎまわった。しかし、意外にも、浦賀沖でモリソン号を待っていたのは、問答無用の砲撃ばかりだった。文政八（一八二五）年に幕府は異国船打払令《うちはらいれい》を出し、諸大名にも外国船が近づいたら即時撃退してしまえと命じていたのだ。モリソン号は仕方なく鹿児島へまわった。薩摩藩に将軍への書状を取次いでもらい、もちろん七人の漂民も引渡すつもりだったが、鹿児島湾でも返事はおなじだった。砲火をあびせかけられただけだった。これでは、とりつく島もないというものだ。ついにモリソン号はあきらめて、送りかえすはずの七人の漂民をのせたまま、むなしくマカオへかえったのである。彼らはついに生涯日本の土を踏むことはできなかった。肥後の寿三郎が故郷の父と兄へ書き送ったたどたどしい片仮名ばかりの手紙がつたわっている。読みやすく書きなおしてみよう。

「わが国へ帰りたきこと、海山にもたとえられず候えども、帰ってはまた、天下さま、ならびにわが国の殿さまに御難題になることに恐れて、帰りたくはなく……」そして、また「わが国のこと思い、悲しきばかり……」と訴えている哀切きわまる心情は、そくそくと胸にせまってくるのである。

漂流民が奴隷にされた話をもう一つ書きくわえよう。明和元（一七六四）年にフィリピンのミンダナオ島に漂着した筑前の船頭孫太郎たち二十人は原住民の奴隷にされ、仲間たちとはわかれわかれに、人手から人手にわたった。そのうち孫太郎はボルネオ島バンジェルマシンの華僑の手に買われたのが幸運だった。主人に親切にあつかわれ、七年はたらいたのち、オランダ船で帰国することができたのだ。

このころから日本近海には英米その他の諸外国の捕鯨船がしきりに活動していた。そのため鯨の南下が急にへってきて、対馬《つしま》海峡を中心に鯨を追っていた北九州から五島列島の鯨基地がさびれはじめているが、これについては別に書くこともあるだろう。とにかく、これら異国の捕鯨船はしきりに日本から薪水やそのほかの必需品を買いたがっていた。そのうちのあるものは、オランダ船だといつわって長崎に入港してきたりし、幕府の神経をますます過敏にさせている。

ともあれ、これらの捕鯨船や商船に救われた漂流民も多い。有名なジョン・万次郎も天保十二（一八四一）年にアメリカの捕鯨船に助けられたのだし、のち嘉永三（一八五〇）年にはジヨセフ・彦《ひこ》ことアメリカ彦蔵はアメリカ商船に救われ、開国した新日本のために、そのアメリカ仕込みの知識を役立ててくれる。

ずいぶん、伊勢の幸太夫の話から漂流民の話が長くなったが、これら漂流者の帰郷後の生活はどうだったろうか。ほとんどが厳しい箝口令《かんこうれい》をしかれて、漂流記を書くことも異国の見聞をかたることもなく埋ずもれてしまったことだろう。彼らは自分で漂流記を書くにはあまりに字を知らなすぎた。しかし、いくらかずつは、彼らの口をとおして文明諸国の生活が語りつたえられ、人々の目を遠く広く放たせることに役立ったのはたしかだろう。頑冥な鎖国主義者や攘夷軍国主義者は別として、進歩的な開国論者は彼らから多くの知識を得たのである。すると、生還した無学の先頭水夫こそ、期せずして、開国のさきがけになっていたということができよう。下積みの名もない庶民は、こうしてここにも歴史の発展に力をかしているのだ。

最近、私はきわめて興味深い記事を読んだ。昭和三十六年三月六日の「朝日新聞」(朝刊)の中である。見出しは「二百年前の東北弁　露日辞書を和訳　日ソの研究家が協力して」というものだ。読まれた方も多かろうが、要約して紹介しよう。

「一七八二年にアンドレ・タターリノフというロシヤ人がはじめて露日辞書をつくっている。それには東北弁が日本の標準語のようになって相当たくさんはいっている。ソ連科学アカデミー東洋学研究所レニングラード(帝政時代の首府ペテログラードだ)支部のオ・ペ・ペトロワ女史は東北弁を研究しているのだが、ソ連を訪れた盛岡市の豊島宏氏と知り合った。そこで、女史からタターリノフの露日辞書の中の東北弁を研究していることを知らされ、協力することになった。豊島氏は帰国後ペトロワ女史から送られてきた資料を岩手大学の国語学担当の島稔教授の協力を得て、いまから百八十年もまえの露日辞典の東北弁を訳しおえたという。この著者タターリノフは、そのころ、仙台から海路江戸へむかう途中難船して千島列島に漂着した東北地方の水夫十人から日本語をならって辞書をつくったという。だから、東北弁がたくさん出てくるわけだ。二、三の例があげてあるが、ビードロがビンドロ、オマエがオマイ、ホトケがホドケとなっているという具合だ」

このソ連人の研究が日本の方言研究の貴重な文献になるというのも、おもしろい因縁だ。一七八二年といえば天明二年だから、れいの幸太夫たちが難船する年だが、辞書はそのまえから編纂にかかっていたろうから、もちろん新蔵や庄蔵たちから聞いたのではない。それに彼らは伊勢の人間だ。奥州南部郡竹内徳兵衛の一行が漂着したのは宝暦三(一七五三)年末だから露日辞書刊行の二十九年まえだ。これなら二つの話を結びつけて小説にしてもおかしくはない。しかし、それはそれとして、また自由に空想することにしよう。

ラクスマンの来航と漂流民の話をおわるにあたって、漂流民伊勢の幸太夫と磯吉のその後を語っておかねばなるまい。幸太夫も磯吉も、幸か不幸か、文明国ロシヤにあまりに長くいすぎた。幕府は彼らが自由な異国の話をして、庶民が封建制に疑いをもつことを恐れたから、彼ら二人を江戸番町の薬草園に住まわせることにした。もちろん口止め策だ。おなさけをもって、妻子を迎えることは許された。月々の手当ては下《くだ》しおかれたといえば聞こえはよいが、飼殺しにはちがいなかった。

しかし、幸太夫は江戸の洋学者と交じわって新知識をつたえ、ロシヤ語をおしえたりするだけの自由はあったから、やはり新しい文化の発展に貢献したのである。

さて、松平定信の対露政策に話を進めよう。彼はさっそく諸藩に海防を命じたが、どうひいき目にみても、日本の武備は貧弱だと認めざるを得ない。力ずくで通交を求められたら、降参は当然だ。そこで、もしそのような最悪の事態に追いこまれたときには、最小限の開港もやむを得まいと考えていたようだ。しかし、北辺防備のために、蝦夷地はあまり開拓がすすんでいない方が攻め込まれたときに都合がいいと判断して、未開拓のまま松前藩にまかせておき、防衛だけは幕府があたることにした。もっとも、ロシヤ側の出方によっては蝦夷地ぜんたいを直轄の天領とするということに決めた。

定信も女髪結や飾りかんざしにばかり目くじら立てているときではなくなった。しばらく鳴りをしずめていた百姓一揆が寛政五年二月には伊予吉田藩で大揺れに揺れた。すでに百姓一揆は騒動としてすまされるものではなく、戦術は進歩し、政治的かけ引きも巧妙になった。革命的性格が色濃くあらわれはじめていた。たしかに天領の一揆ではないからと他人事として澄ましておれなくなってきた。ここでも、定信はパーフェクト・ゲームを逸したのである。

おなじ三月、定信は伊豆・相模の防衛をかためるために視察に出たが、江戸にかえった七月、彼が知らされたのは老中職解任ということだったのだ。

25　尊号事件と大御所問題

松平定信が失脚するにいたった直接の原因は、光格天皇が父の閑院宮典仁《すけひと》親王に太上《だじよう》天皇の尊号をおくろうとしたのに反対した尊号事件と、一方こちらは、将軍家斉が父の一橋治済《はるさだ》を江戸城西の丸に迎え入れて大御所と称させようとしたいわゆる大御所問題がからんでいたのだ。

尊号事件というのは簡単だ。天皇が実父に太上天皇の尊号をおくることは、先例がいくらもある。そこで光格天皇はそうしたい意向を早くから示していたが、朱子学を信奉する定信は名分を尊重するという方針を堅持して、「御国体にとり、不㆑容易㆓儀」だとして、これに反対していた。すると若い光格天皇も意地になったらしく、寛政四年に幕府の意向を無視して、尊号をおくろうとした（こんなことをしたのも、もう相当幕府の実力を朝廷からさえ見くびられていた証拠だ）。そこで定信は京都で画策していた議奏《ぎそう》中山愛親《なるちか》前大納言と武家伝奏の正親町《おおぎまち》公明前《あき》大納言を江戸に呼びつけて、訊問してから、ピシャリと尊号中止を命じた。この両卿と関係者は閉門などの処分にした。尊号を贈ることは許さないかわり、閑院宮家には年々二千俵増進ときめた。これで尊号事件は片づいたわけだ（いかにも妙な話だが、閑院宮典仁親王には、明治十七年になって、明治天皇は太上天皇の号を贈り、慶光天皇と称えることとしている）。

尊号事件は、それでよかったろうが、それと同じころ、定信には頭の痛いことが、もう一つ重なっていた。それも江戸城中で、しかも同じような性質のことだ。

やっぱり若い将軍家斉が実父の一橋治済を西城に入れて大御所の称号をおくりたいという意向だ。一橋治済にすれば、将軍吉宗の孫《み》だ、現在の将軍の実父だ、それが四十歳の今日まで一橋にあって、官位といえば、ただの三位中納言でしかない、御三家や田安家などといっしょに将軍の一臣下というのは心外だ、という気持だった。だから、もし京都で太上天皇が認められるなら、こちらでは大御所になっても仔細《しさい》はないはず、というわけだ。また、治済は松平定信を老中におしたではないか、定信も吉宗の孫なら再従兄弟《またいとこ》の間柄だ。もし太上天皇がダメでも、こっちの大御所は義理からいっても聞き入れるだろう。この治済の肚《はら》はまた将軍家斉の気持だったにちがいない。ある日、家斉は定信を呼んで、この件を話したところ、予想に反して、定信はすぐにはウンと言わなかった。それどころか、大反対らしい。憤慨した将軍が彼を手討ちにしようとしたのを見て、側近が刀をもってあわてて逃げたという話もある。定信の真意は、太上天皇にしろ大御所にしろ、どちらか一方を認めたら筋が通らないことになる。とにかく大義名分上よろしくないと、ついに大御所問題にも反対しとおした。もちろん、これは将軍家斉が頑固な定信を煙たがり疎《うと》んじるようになった一因だ。その将軍をたきつけるのが大奥の勢力だ。

　もともと定信は適当な時機に退職したい気持が早くからあったから、表面上は円満退職だが、やはり、この二つの問題にからんだ大奥勢力の策謀のまえに倒れたと見るのがいいようである。

　定信の老中在職は天明七（一七八七）年六月から寛政五（一七九三）年七月まで、わずか六年にすぎない。いわゆる寛政の改革といわれる彼の業績はなかなか多いから、もっと長かったような錯覚さえおぼえるが、じっさいにはほんの六年間の仕事だ。彼は勤勉で曲ったことが嫌いで彼流の名分論をもって政策を遂行した。なるほど、治績は見るべきものがあった。但し――ただしである、その一つ一つを見るがいい、強権の圧迫だけしか感じさせないではないか。これによって、幕府権力は一時的に――わずか数年間だけ――その威信を回復したかに見える。しかし、本当は、それは一種の幻覚であった。権力をもって歴史の流れを押し止め、吉宗の享保時代、いや家康の幕府創始のころを理想としたその理想主義は、あまりにも現実ばなれがしていたのだ。さらに一つ一つ彼の政策を見るがいい。みな幕府中心主義だ。一つとして庶民のためをはかってくれた重要政策があったろうか。町会所設置があるというだろうか。しかし、本心は凶年における幕府支出を予防するためだ。町会所の経営もほとんど庶民の金ではなかったか。こうした意味から「寛政の改革」は失敗であったと、私は結論せざるを得ないのだ。

　定信が退陣すると、成年に達した家斉は思いのままに政治をおこなうことができるようになった。もっとも、定信が退職した直後も、定信の親友松平信明がいて、将軍家斉は勝手なことができなかった。
どうも将軍家斉にも実父の一橋治済にも少々しつこいところがある。家斉は一橋治済を江戸城二の丸を修理して、そこへ迎え入れようとした。これを松平信明が諫《いさ》めて取りやめさせた。

二の丸へ渡しかけたる一橋
　ふみはづしたら何と将軍

という落首があらわれている。この松平定信もどきの松平信明の態度が将軍の癇にさわったらしい。信明も文化元年に職を解かれた。そのあと、気に入りの水野忠成を老中として、いわゆる田沼時代に輪をかけたような文化・文政時代がくる。

水の（水野）出て、もとの田沼になりにける

と、さっそく落首があらわれている。私が思うのには、松平定信の寛政の改革は、ビックリ箱のふたを定信が一人で一生懸命におさえていたようなものだ。その重い手がのいたとたん、バネ仕掛けのおどけた人形が力まかせに飛び出して、いつまでもブルンブルンと小馬鹿にしたように震えている恰好が想像される。
家斉は定信のあとで幕政を親裁する。天保八（一八三七）年九月に将軍職を家慶《いえよし》にゆずるが、そののちも大御所として実権をにぎっていた。死んだのは天保十二（一八四一）年で、幕政親裁から死ぬまでの四十八年間を大御所時代と呼んでいる。文化（一八〇四〜一八一八）文政（一八

一八〜三〇）を主とする時期で、不健康で快楽主義的だが、見せかけの泰平のなかで、大江戸は絢爛《けんらん》たる繁栄をきわめるのだ。そして、そのあいだにも、町人層の経済的発展はいよいよ進み、それにつれて封建社会の矛盾はますます深まり、幕府崩壊の危機は急速に接近しつつあるのだ。

26 名君賢相の相場

幕府が改革をおこなうと、諸藩もこれにならうのが例だ。そして、その藩政改革に成功した藩主たちが「名君」の名をのこし、藩主をたすけて、藩の財政難を切りぬける施策を強引に実行したものが「賢相」の名をほしいままにしている。

肥後熊本藩の細川重賢《しげかた》はそっくり八代将軍吉宗の真似だ。なにより支出を極端におさえる質素倹約第一主義に徹した。熊本藩は五十四万石の大藩だが、ご多分にもれぬ財政難だった。大名貸の大坂町人たちは、借金踏み倒しの親玉格として細川家をブラック・リストにのせていたほどだ。細川重賢は「わが勝手向きは五十四万石だが、五十四万石のつもりでやっていたら、たちまち困ってしまうのはわかりきったことだ。自分は二十万石の大名のつもりでやるから、臣下たちも、その心組みで何事も緊縮第一でやれ」と言っている。率先垂範、困苦欠乏に耐えてみせるというわけで、お殿さま自から食い物まで切りつめる徹底ぶり。もちろん着る物は木綿オンリーだ。文武奨励と質実剛健をモットーにして家臣の士風をひきしめた。それはいいとして、堀平太左衛門勝名を登用し、彼の建策を用いて、徹底的に農民からしぼりとった。領内の総検地をおこない、年貢をおさめない隠田《おんでん》を見つけだし、定免制を採用し、献金したものは褒美として郷士にとり立てたりした。いつ、どこの改革でも、迷惑をこうむるのはまず百姓だ。年貢滞納者を水牢にぶちこむという一事でも、苛酷な搾取ぶりがうかがわれる。なにもかも領内で作って他国からは物を買入れることを禁じた。一方では、貨幣の増収をはかるために、蠟の原料のハゼ、紙の原料の楮《こうぞ》を空地という空地に植えさせ、蠟を専売制にした。養蚕を奨励して絹織物を増産した。そのために京の西陣の技術を導入している。もっともこれを領民が着るためではない。「外貨」獲得のためだ。そのほか植林、阿蘇山をひかえているから硫黄採取に精を出している。いわゆる殖産興業策に力を入れたわけだ。

注目すべきことは、独特の郡代政治だろう。一郡に郡代を二人おき、一人は郡屋敷につめて郡内のこと一切をとりしきり、一人は城下にいて、交代で勤務する。この上に郡方《こおりかた》奉行がいる。領内十四郡だから郡代は都合二十八人いる。これが公事訴訟があれば刑法方にわたし、郡代の下の郡役人は鵜の目鷹の目で農民を統制した。それでも足らずに、人足寄場まがいのものを作り、軽罪のものを鬢《びん》の片方を剃りおとしてここに収容して、土木工事から藁作業にまで使役した。このほか農民の商売を禁じ、商人が農村にはいることも取締っている。さかんに郡代配下の横目が見まわって、かくれて商品をつくっている百姓や、こっそり農村に入りこんだ商人をとっつかまえて厳しく処罰した。「農民は年貢米をつくるためにのみ存在する」というのが封建領主の合言葉、いや思想であった。

まず、この調子で収奪すれば、藩主としての「治績」はあがるだろう。これを御用史家は

「名君」といって褒めたたえたのである。

細川重賢とおなじころ（田沼時代）に、紀州には徳川治貞《はるさだ》があらわれる。「紀州に麒麟《きりん》肥後に鳳凰《ほうおう》」と並びたたえられる。徳川治貞の方は細川重賢ほどに「治績」はあがっていないが、教化によって藩風を振起したところが封建道学者の気に入って高く評価されたのだ。

以上の二人からは、すこし時代が後にずれて、上杉治憲《はるのり》（鷹山）があらわれる。米沢藩主としての生活は田沼時代だが、天明五（一七八五）年に三十五歳で隠退してからも、七十二歳で死ぬ文政五（一八二二）年まで藩政を見ていた。上杉鷹山といえば徳川時代を通じての名君の典型である。

米沢藩は上杉謙信以来の名家だが、はじめ百二十万石だったのに、減封についで半知召上げと不運がつづき、治憲が日向（宮崎県）高鍋の秋月家から養子にはいって家督をついだときには、財政難はその極点だった。前藩主重定すなわち治憲の養父はすっかりサジを投げて一時は藩地を返上しようとまで考えたというから、その窮乏ぶりが察せられる。まさに暗澹たるものだった。こんな家へ養子に来たのだから並み大抵ではない。

治憲は十七歳で家督をつぐと、まず第一着に大倹約令を出した。いまでこそ小家に成り下がっているが、昔の大家だから格式ばっていて、ぜいたくで、しぜん無駄も多い。治憲はまずそれから改めてかかったが、年が若いのと小家からの養子だというので、須田満主とか千坂高敦とかの老臣大臣に軽んじられた。やがて治憲は竹俣当綱《たけまたまさつな》や莅戸善政《のぞきよしまさ》などを登用するが、老臣たちが彼らの排斥運動をやってあわやお家騒動というところまでくる。ここで、治憲は老大臣七名を断乎として処罰し、大いに権威のあるところを見せたから、その後の改革がスムーズに行えるようになった。

　彼の改革の中心は殖産興業策といっていい。養蚕や織物を奨励した。越後の小千谷《おぢや》の縮《ちぢみ》を織る職人を雇ってきて、藩士の婦女子に習わせたのが、米沢織の起源だ。これは半知だ借上げだとつづいて、日雇稼ぎにまで出なければ食っていけなくなっていた藩士の救済にもなり、一石二鳥の効果があった。樹芸役場を設け、それぞれ漆方《うるしかた》、桑方、楮方《こうぞかた》の三部にわけ、増産をはかった。これも竹俣当綱の案だが、「いま御領地は十五万石だが、これらで実収入が増したら、半知になるまえの三十万石時代も羨しいとは思わなくなるはずだ」と大いにはげましている。竹俣は財政のやりくりに力をつくしている。江戸の金主三谷新九郎から低利資金一万一千両を借り、それをまわして、ほかから借りている高利を返した。また旧債を永年賦とか無利息とかに書きかえ、相手の不満をなだめるのに知行扶持米をやったりしてゴマ化している。

　米沢藩では早くから貢租をとるのに、半分は米、半分は銭という方法をとっていたから、東北の後進地ながら、農民はいやでも貨幣経済にまきこまれていた。そのうえ、検地をやりなおしては年貢をつりあげる。蠟、うるし、ちぢみそのほかの農民の特産品は藩の専売機構に吸いあげられる。もし米があまっていれば、これも安く買いあげられる。この搾取と商品経済の両面攻撃をうけるのだから、農民が窮乏し、農村が分解することは、これまで見てきた原則どおりだ。

　江戸の金主三谷新九郎が米沢藩に一万一千両貸してくれたと言ったが、商人がなにも条件なしで貸してくれるわけはない。彼は米沢藩の商品経済を独占する特権商人だったからだ。治憲が大いに殖産興業に力を入れたのも、民生のためではなく、藩財政に現金収入をふやすためだ。

治憲の「善政」の一つに農民保護政策があげられるのが習慣みたいになっているが、その真意を考えてみよう。治憲は尾張の細井平洲を師と仰いでいた。「国家人民の為に立《た》てたる君にして、君の為に立《た》てたる国家人民にこれ無く候」という仁政思想をもとにして政治をおこなったという。仁政とはなんであるか。さきに見たとおりであって、治憲のばあいにもとくべつ変わりはないのだ。農村の荒廃をふせぐために、人間したがって労働力を維持し増加しなければならない。そこで、間引きや堕胎を禁じ、子供の多くて暮らしの苦しいものには養育用に扶持をやった。男子は十七歳から二十歳、女は十四歳から十七歳までのあいだに結婚させ、産めよ増やせよ政策をとった。結婚費用が無ければ貸してくれるといっても、これを返すのが一苦労だ。藩士で帰農をのぞむ者には当座の費用や食糧をあたえ、耕地を増大することを奨励した。これは米沢藩が大大名時代から抱えこんでいた家臣の整理に役立つことだ。たった十五万石の小藩に大小五千家も武家がいてはたまったものではない。だからほとんどが零細な扶持米取りだ。日傭取りに出るのはまだいい方だ。なかには百姓一揆の先頭に立つものまで出てきていたのだから、藩士の帰農奨励も一石二鳥を狙った政策だ。間引きや堕胎禁止はなにも仁政や善政ではなく、年貢生産者をへらしては一大事だからという本当の目的が別にあったのだ。

思うに、「治績」といわれるものは数字的な結果の総合のことで、それを行わせた動機のことはその計算にはいっていないのである。とにかく上杉治憲の改革は効果をあげたのである。

備荒貯蓄の金や米も増えていたし、借金も返すことができた。天明の大飢饉に米沢藩で一人の餓死者も出さなかったのは文句なく立派だ。

もちろん、細川銀台、上杉鷹山、白河楽翁などのほかにも封建時代の「名君」として今日までつたえられている人は多い。いまあげたのは一、二の例だ。私は彼らがいくらかの開明的な施策をおこなったことまで否定し、その治績なるものをあげつらい、あるいは全面的に裏返した見方を押しつけようというのではない。

ただ、これだけは言えるのだ。藩政改革が成功したところは、藩主の権力が圧倒的に強かったし、藩主自身が先頭に立っている。そして、この独裁藩主にはかならず彼にとって有能な改革の立案ならびに実行者としての役人がついている。すなわち「名君」と「賢相」がコンビになっている。細川重賢と堀勝名、上杉治憲と莅戸善政といった具合だ。「賢相」はほとんど小身者から登用されているから、さすがに藩の実情をよく知っている。頭のかたい老臣からみると、ひどく過激に見えるらしいが、案外適当に改良主義者だから、あまり跳ねあがった立案をしない。実行可能のギリギリの線でやっている。他の藩でも多かれ少なかれ改革が行われ、名君賢相の有資格者も沢山いたはずだが、自分の藩の実情を正確につかんでいないまま、他藩の成功のお手本をそっくり真似ようとしたり、あまりに革新的で跳ねあがった政策を強行しようとしたりして、領民よりもむしろ藩政の保守派からの反対のために自滅し、あるいはお家騒動にまでなって、あたら名君賢相の名を史上にのこしそこなった例も多い。

ともあれ、改革がなかなか成功率が少なかったことは、今日まで名君賢相とたたえられて名を残している人物が少ないのを見てもわかる。しかし、名君とたたえられ賢相とうたわれた人物も、要するに自藩の封建制維持に一時的成功をおさめたものだと思えばいい。歴史の進歩のうえから言うなら、この時代の名君賢相の相場は決して高いものではない。むしろ、改革が不成功で中道にして志を断たれた人物の中に、本当の名君賢相たる器があったかもしれない。

いずれにせよ、すこし名君賢相にこだわりすぎるようだ。要するに、歴史の流れというものは、個人の力で変えることができるものではない。

27 大御所時代と天保の改革

さて、松平定信が老中を追放されると、成年になって後見のいらなくなった家斉が第十一代将軍として親政する。親政といっても吉宗などとちがって老中まかせだが——。そして彼が隠退してからもなお大御所として実権をにぎっていた時代、すなわち文化文政時代から天保期（一八三〇〜四三）にすすむ。天保十二（一八四一）年家斉の死後、第十二代将軍家慶のもとで老中水野忠邦がいわゆる「天保の改革」をおこなって失敗するまでの約五十年の極めて多彩であると同時に多端な時代を、ここで概観しておくことにしよう。その方が話がすすめやすいと思うからだ。

水野忠成（水野忠邦と混同しないように）が老中になると、この男は将軍家斉とその実父治済の御機嫌ばかり取りむすんで、政治の方は出たとこ勝負のいわゆる放漫政策だったから、松平定信がようやく引きしめた幕府の紀綱はガタガタに弛んでしまい、財政は滅茶苦茶、すっかり元《もと》の木阿弥《もくあみ》になった。またまたワイロは公然とおこなわれはじめた。この間に上層農民、新興町人層が権力者にとりいって、しだいに一勢力となってくる。たまたま豊作がつづいたことは幕藩体制下の社会に一時的だが安定期がおとずれることになって、上下をあげて生活は贅沢になり、余裕のある階級は「イキ」だとか「スイ」だとかいわれるものを競っているうちに、しだいに風紀もみだれてきた（この文化年間から江戸の市民は、およそ実体のあやふやな「江戸ッ子」を自称して、ひとりでイキがりはじめたのである）。

奢侈淫逸といえば、その代表は将軍家斉だ。上の行うところ下これに倣うのはあたりまえだろう。家斉は文政五（一八二二）年に左大臣従一位、同じ十年には太政大臣となった。将軍職にあるうちに太政大臣になったのは家斉がはじめてだ。これまで太政大臣になったのは、家康と秀忠の二人きりだが、彼らでさえ隠退後であった。これについて、頼山陽は『日本外史』に特筆している。

「源氏足利氏以来、軍職に在りて、太政官を兼ねる者は、独《ひと》り公而已《のみ》。蓋《けだ》し武門天下を平治する、是《ここ》に至りて其の盛《せい》を極《きわ》むと云う」（原文漢文）

見せかけはたしかにその通りだったが、このとき、庶民はあいかわらずその日に追われ、一方には異国の威圧はいよいよ加わってきつつあった。ひとりわが世の春をうたっていたのは将軍とそれにおもねる官僚と、権力につながる富豪のみだったことは説明するまでもない。

江戸城大奥には九百人にちかい美女が大御所と将軍に奉仕していたという。後宮に三千の美女を擁していたという秦の始皇帝にはいささか及ばないが、相当の精力家だったことはたしかだ。家斉にはお手つきの中臈《ちゆうろう》四十人があった。彼女たちに産ませた子どもが男二十八人、女二十七人、合計じつに、驚くべし、五十五人であった。ひまにあかして子どもをつくるのは勝手だが、政治は老中まかせだけではなく、うまれた子どもの始末まで老中まかせなのだから、これくらい無責任な将軍も少ない。巧言令色をこととした老中水野忠成の十七年間にわたる在職中の顕著な業績は、家斉が産ませた数多くの子女を、あっちに押しつけ、こっちに片づけるということに頭をしぼっただけといってよかろう。この点だけには手腕を見せた。

この調子だから、幕府にはいくら金があっても足りるわけはない。江戸城西の丸は家斉が隠居するとき、贅をつくした大増築をやったが、そのときは全国の大名に助役を命じ米金を献納させて、参観交代の道中費用も四苦八苦してひねり出していた財政難の大名たちを真っ青にさせた。ひそかに内職仕事をして、なんとか食いつないでいた旗本たちからも献金を命じている。家斉ほど下情に疎い将軍も少なかった。札差や大町人たちには冥加金を上納させ、かわりに苗字や武家の礼服である肩衣《かたぎぬ》の着用を許したりした。金があろうが無かろうが、家斉はいっこうに頓着ない。やりたい放題のわがまま勝手だ。そこで財政難を切りぬけるために、農民へ重税をかけたり、蝦夷地の開拓をやったが、そう簡単に百万金が湧いてくるはずがない。そこで常套手段は貨幣の改鋳だ。これを何回もやって、そのたびにサヤを稼ごうというわけだが、物価はあがり、庶民の生活はますます苦しくなった。天保六（一八三五）年には、とうとう庶民の銭《ぜに》である百文銭をつくった。いわゆる当百おなじみの天保銭というやつだ。これはぜんぜん公定どおりに通用しない。だんだん値打ちがさがって三分の一にしかならない。のち明治になって、百二十五枚で一円にあてることにしたから、一枚が八厘ということになる。そこでどうも少し脳ミソのたりない御仁のことを「八厘」といったり「天保銭」とよびだしたことは、先刻ご承知のとおりだ。

豊年が二、三年つづいていい気になっていると、とたんに凶作と飢饉がおそう。天保三（一八三二）年にはじまる天保の大飢饉は天明の飢饉につぐ大飢饉として有名だ。将軍さまはそんなことなど知らぬ顔で子どもばかりつくっている。役人には庶民の困窮を救う意志も能力もない。天保の大飢饉のあとで大坂には米が集まらない。役人はその手当てもロクにしないで、米相場で儲けている富商とむすんで私利私欲をみたすことだけに憂身をやつしているから、陽明学者で大坂天満の元与力だった大塩平八郎は、腹をたてていに天保八（一八三七）年二月に乱をおこした。一揆や打ちこわしが全国的に相いついでおこる。

都市の大町人はその金力にものを言わせて幕府や諸藩の政治に圧力をくわえるまでになってはいた。封建制度の矛盾はいよいよあらわになってくる。このころには富商たちのあつまる江戸は上方《かみがた》にかわって繁栄をきわめた。だが、彼らとても財力があるからといって安閑としてはいられなかった。権力はまだ武門にある。彼らはいつも冥加金だ御用金だと悩まされていたので、そんなバカげた金を黙ってタダ取りされるくらいなら、そのまえに気儘につかった方が得だというしだいで、浪費したり刹那的な快楽に投じてしまう傾向がでてくる。この頽廃的な気分と放漫なワイロ政治と、将軍以下の奢侈淫逸の風を反映して咲きほこったのが「大江戸文化」の徒花《あだばな》であった。

一方目を海の外に向けると、ロシヤは千島、カラフトから蝦夷地にまで南下して、通商と国交を要求する。文化元（一八〇四）年七月、ロシヤ使節レザノフは長崎にきて貿易を要求したが、幕府はこれを許さなかった。その後もロシヤは北辺をさわがしつづけた。また、イギリス艦船も日本近海に出没している。文化三年には、幕府は沿岸の諸藩に海防を厳重にするように命じたが、もし難破の外国船が来たときには、薪水食糧をあたえて穏やかに退去させるようにと令した。これが文化の撫恤令といわれるものだ。文化五（一八〇八）年八月にはイギリス船フェートン号が長崎港に侵入してオランダ船を捕えようとした。長崎奉行松平図書頭《ずしよのかみ》康英はフェートン号にただちに退去するように要求したが、かえって威嚇攻撃をうけて、長崎は大混乱におちいった。フェートン号の去ったあと松平康英は引責自殺をした。対外関係はようやく多事である。

寛政十（一七九八）年、近藤重蔵は千島のエトロフ島に日本領土の標識を建てた。翌寛政十一年、東蝦夷地を幕府の直轄地とした。おなじ年、近藤重蔵は高田屋嘉兵衛の案内で蝦夷地を視察した。このころ、高田屋嘉兵衛はエトロフ航路をひらいている。享和三（一八〇三）年にはアメリカ船が長崎に来て通商を要求している。幕府としては、あっちもこっちも忙しいことだ。文化元年、津軽、南部二藩に蝦夷地警備を命じた。撫恤令を出した翌年文化四年三月、西蝦夷地も幕府の直轄地にしたが、翌月四月には、さっそくロシヤ人がエトロフに侵入してきている。そこで警備体制をととのえるために箱館奉行を廃して松前奉行をおくことにした。文化五年四月から数度にわたって幕府の隠密間宮林蔵の一行は樺太探検をし、文化六年七月に間宮海峡を横断してその名をのこした。文化六年には樺太のことを北蝦夷と呼ぶことにしている。文化八年には国後島でロシヤ軍艦の艦長ゴローニンをまんまと捕えたのはよいが、翌年、高田屋嘉兵衛が捕まえられて仇討をされた。文化十四年にはイギリス船が浦賀に来るし、翌文政元(一八一八)年にはまたイギリス人ゴルドンが浦賀に来て貿易を要求している。このへんから、幕府はもっぱらイギリスに振りまわされる。文政七年五月にはイギリス船員が常陸に上陸したところを水戸藩が捕まえたが、同年七月には、やはりイギリス船員が薩摩の宝島に上陸して大暴れしている。とうとう幕府は我慢がならなくなって、文政八(一八二五)年二月に打払令を出して、外国船が近づいたら、有無を言わさず撃退してしまえと諸大名に命令をした。実力のない幕府は海防の責任を諸大名に押しつけたのである。

じっさいには内憂外患こもごもいたるご時世でありながら、表面上はいたって泰平であった。このあいだにも経済の発展は目ざましいものがあり、封建社会の矛盾は日ましに深まっていく。そして成長してゆく民衆の手によって新しい文化がつくられていくのである。葛飾北斎、安藤広重の風景画、小林一茶の人間味あふれる俳句、十返舎一九の『東海道中膝栗毛』(一八〇二)にあらわれたユーモア。狂歌や川柳を愛した江戸町人の間にはこの頃から滑稽本が流行しはじめている。ユーモアを求める民衆は、式亭三馬の『浮世風呂』(一八〇九)『浮世床』(一八一四)の軽妙な生活と意見に喝采をおくる。台本作者鶴屋南北の『東海道四谷怪談』(一八二五)は惨虐怪奇なもので当時の淫蕩的で頽廃的な民衆の趣向にぴたりとマッチした。化政期の文化を見るとき、忘れることのできないのはオランダ商館の医者として文政六(一八二三)年に来日したドイツ人シーボルトの影響だ。彼によって近代的臨床医学のみでなく洋学が一段と発展し、近代的精神が育てられた。その門下から高野長英、小関三英などの偉才があらわれたが、のちに幕府の弾圧をうけて、一方に文政十一（一八二八）年シーボルト事件となり、他方は天保十（一八三九）年高野長英、渡辺崋山などの罰せられた「蛮社の獄」となるのである。

とにかく、文化文政時代の内外の情勢が幕藩体制にとって容易ならざることだということは、すこし心あるものはだれでもみんな認めていたところだ。大塩の乱を一つの頂点とする百姓一揆や打ちこわしは幕藩支配層をふるえあがらせるに十分だった。天保十二年に家斉が死ぬと、その機会を待っていた老中水野忠邦（彼が老中になったのは天保五年三月）はさっそく改革をおこなうことを宣言した。その布告を掲げてみよう。忠邦の精神がどこにあるかよくわかる。

享保寛政度御趣意に不ルレ違ハ様被二仰出一候事
天保十二丑年五月廿二日於二北御番所一被二仰渡一
町々年寄　名主共

享保度被二仰出一候御趣意並寛政度厚御趣意を以町々触渡有リレ之、町役人共始一統相弁居可キレ申ス儀に候得共、年数相立候に付ては、自然御触面取失候廉々不レ少カラ相聞候、此度重き被二仰出一有リレ之候に付追々可キ二触示ス一儀に候得共、諸事近年之仕癖相改メ、享保寛政度々御趣意に不レ違ハ様可ク二相心得一候

右之通町中一統不ルㇾ洩ㇾ様早々可二申通一

老中水野忠邦は松平定信を崇拝していた。彼は寛政の改革と、定信が理想とした享保の改革の両方を自分の理想として改革政治をはじめた。まず文武奨励、綱紀粛正、風俗取締り、贅沢品やおごった飲食物などの製造販売禁止、遊芸の取締り、出版物の統制、物価引下げと棄捐令、まったく享保寛政両改革を合わせて、むしかえしたものだ。農民が江戸に移住することを禁じ、長年江戸に住みついたもののほかは、強制的に農村にかえした。これは「人返し」といったが、これも定信の真似だ。また出稼ぎ人の年限をきびしく守らせ、年貢をとるための封建農村を維持することにつとめた。これも幕藩体制の矛盾が発展するのを躍起になって押しとどめようとしたものだ。幕府の支出を節約することにつとめたのは勿論だが、積極的に財源を求めて、新潟港を直轄地にし、また田沼意次が放棄した印旛沼の干拓もくわだてた。年貢ほしさの企画にはちがいない。

水野忠邦の天保の改革の特徴は、株仲間解散令と江戸大坂十里四方の中にある私領地を幕府の領地に召上げる「上知令」の二つと見ることができる。

化政期には農村の商品生産はまたぐんと進んだ。これまでのように、農村では原料とか半製品をつくるだけでなく、自分で加工し仕上げるまでになっていた。そうなる以前は農村から原料を買ってきて都市で加工仕上げし、それを特権的な株仲間が販売を独占していたのだが、いまでは農村で加工仕上げされるとなれば、直接生産者といっしょにいる在郷商人や新興商人が商品流通路を自から開拓し、株仲間の独占機構をひっかきまわす。当然ふるくからの特権的な仲間商人と衝突がおこる。

在郷商人や新興商人は生産地と密着しているから強い。日頃から親しくしている顔なので、株仲間より高く仕入れてくれる。農民は運ぶ手数もはぶけるから喜ぶ。こうなると、株仲間の手で集められる物資はへる一方だし、物が減るから都市の物価はあがるばかり。市民は困るから、最後には打ちこわしをかける。こうした事態が大坂でも江戸でもひんぴんとおこりはじめた。忠邦は物価を引下げねばならぬと考えたが、物価騰貴の原因は株仲間が営業権を独占しているから、自分たちの利益ばかりはかって、物の出回りをおさえているからだと、単純に判断した。そこで天保十二（一八四一）年十二月に株仲間の解散を命じた。しかし、在郷商人たちの営業の自由は大坂と江戸への物資の集荷をいっそう混乱させた。これではいけないというので、こんどは在郷商人層の活動を統制し、これを旧株仲間の下に組織しなおし、農民的商品生産をにぎるルートを組織化しようとしたのだ。忠邦は運上金の収入さえ犠牲にしてまで株仲間の解散を断行したのだが、結果は非であった。旧株仲間からも、在郷あるいは新興町人層からも抵抗され、いたずらに経済界の混乱をまねき、かえって物価が騰貴するという逆の目が出てしまった。怨嗟《えんさ》の声巷《ちまた》にみちみちるというありさまになった（嘉永四〔一八五一〕年三月にいたって、幕府はまた株仲間の再興を許すことになる）。

水野忠邦が改革にとりかかり、まず例の如く倹約令の第一発を放ったのが天保十二年十月、それから矢つぎばやの法令雨下だったが、水野内閣の命取りになった上知令を発したのが天保十四年九月。翌閏九月には老中を罷免されているから、まるまるタッタの二年であった。

上知令はずいぶん思いきった法令だ。江戸と大坂の周囲十里以内にある大名や旗本の領地をぜんぶ幕府の直轄領にして、替地を他の地方にやるというのだ。これはいよいよ対外問題がやかましくなってきたので、万一のときの幕府の足もとをかためておくということ、両都周辺の農村は生産力が高いし、また商品生産も発達しているから、その利を得ようというつもりだったとおもわれる。

しかし、領地を召上げられる方はたまったものではない。替地をもらっても、ぜったい損がいくのはわかりきったことだ。すでに将軍の命令だからといって、ヘイと二つ返事で大名旗本の畏れ入る時代ではない。金がものをいう世の中に変わってきている。そのうえ、彼らだって苦しいところをやりくりしているのに、虎の子の上等の領地をとられてはたまらない。ここに諸大名のあいだから猛反対がおこった。

水野忠邦の腹心には町奉行鳥居甲斐守耀蔵《ようぞう》があって、じつに陰険苛酷に取締ったから、江戸の町は火の消えたようになった（鳥居は「寛政の異学の禁」のところでのべた儒官林述斎の二男だ。耀蔵といい、甲斐守というので、耀を妖に、甲斐を怪にあてて、人々は彼のことを妖怪といったほど冷酷な性格だった。鳥居甲斐守には後章でまた登場してもらう）。大御所時代からの栄華になれた大奥からも水野は不人気のまとである。これが上知令に利害関係のある老中や諸大名の水野排斥の運動と結びつく。ついに水野越前守忠邦は上知令を撤回し、同時に失脚してしまう。

水野忠邦には三羽烏といわれて、鳥居耀蔵、渋川六蔵、後藤三右衛門の腹心がいたのだが、これが、かえって水野の改革を誤らしめた。しかも、鳥居や渋川にはどたん場で裏切られているのだ。

享保の改革は将軍吉宗がみずからおこなったものだ。寛政の改革は吉宗の孫の松平定信が、将軍補佐という立場で、しかも三家三卿の後援のもとに行ったのだが、それでも成功しなかった。水野忠邦にいかに手腕があり、治国済民の大経綸《だいけいりん》があり、理想にもえていようとも、ただたんなる一老中では、幕府の存亡を賭けた大手術は無理であった。これが、ただ一藩の改革だったら、彼はおそらく「名君」の名を後世にのこし得たであろう。

ともあれ、幕藩体制補強は失敗した。外患は日に迫り、かてて加えて、幕府の財政はすでに手のほどこしようもないほど窮乏してくる。すでに江戸幕府の崩壊は時間の問題になっていたのである。

幕府を危機に陥らしめた事情は、諸藩でもまったくおなじだったから、諸藩でも天保の改革と前後して藩政たてなおしに乗りだしている。藩政といっても財政に重点がおかれたのは言うまでもない。そして、財政のたてなおしに成功し、封建支配を再び強化したのが、外様《とざま》の西南雄藩、すなわち長州の毛利藩と薩摩の島津藩であり、肥前の鍋島藩であった。後年これらの藩が倒幕の主勢力となる素地はこのときつくられたのである。

長州藩も財政窮乏はほかとかわりはなかった。藩士は半知、借上げですっかり貧乏し、上層武士になればなるほど「やる気」がなくなっていたものだ。毛利元就以来の名家もガタピシしてしまった。ガタピシしたといっても、検地をくりかえして年貢の増収をはかっていたから、内高は八十九万五千石にのぼり、公称のほとんど三倍にもなっていた。それでも貨幣支出は年々増大して、とてもまかないきれなかった。そこで、藩士から借上げたり、豪商から借金したりして、打てるだけの手は打ってきたが、ついに万策つきて降参しそうになってしまった。ときに藩の負債が銀で八万五千貫という莫大な額になっていた。領内でも瀬戸内海沿岸地方は早くから商品生産がさかんであった。農民に余裕をのこさないために、毛利藩も他の藩と同様、商品生産をおさえつづけてきたのだが、この時代になると、もうそれも通じなくなっていた。そこで逆手に出て、どこの藩でもやっているように、いわゆる殖産興業を奨励した。目的は、長州国産品すなわち米、蠟、紙、藍、塩などを安く買い上げて藩の専売にして、利益をそっくり藩庫におさめようというのだ。長州藩はその専売制の機関として物産会所をもうけたが、農民も踏みつけられっぱなしで黙ってはいられなくなった。それに反対する一揆が天保元（一八三〇）年から数年にわたり、毎年のように騒ぎたった。せっかくの名案も効果がない。藩主毛利敬親《たかちか》は、ここで思いきって天保九（一八三八）年に中士層から村田清風を登用し、改革にあたらせることにした。清風は藩庁と大坂豪商との腐れ縁を断ち切り、一揆の要求を入れて藍とハゼの専売を廃止し、運上金で増収をはかる方法にきりかえた。また北越から下関をまわって瀬戸内海にはいり大坂へ行く回船に目をつけ、これから担保をとっておいて藩の金穀を融通して利益をあげた。藩自身が商売をはじめたようなものだ。一方では藩債も強引に整理したが、藩士の借金を藩が肩替わりして永年賦で返済することにしたけれども、これは債権者である領内の町人の猛反対をうけて、清風は天保十四年に失脚した。しかし、その後をおそった坪井九右衛門や周布《すふ》政之助らが、村田清風の改革の基本線をすすめ、中下士層を中心とする改新派がしだいに実権をにぎるようになる。彼らが地主や商人層をひきつけ、農村支配を再建するのだ。いま、ここで、くわしく説明しているひまはないが、下級士族が地主や商人を味方にひきつけたということは、彼らが物心両面で連合したことではない。あくまで再支配のために、農商層の力を都合よく組みかえることに成功したということだ。もう一つ、ここで注目されるのは、殖産興業政策がそれだけにおわっていないで、しだいに藩営の手工業生産様式にまで発展し、それによって近代的軍備を強化することだ。もちろん密貿易による利益と、武器密輸入による軍備強化の成功も見のがせない。そして、やがて財政がととのい、革新系の下士層が実権をにぎり、他の藩にさきがけて討幕派が形成されるもとになるわけだ。しかし、こう言ったからといって、この中下士層が天保の改革を機にすぐに討幕派に成長するとおもってはならない。これから多くの紆余曲折がある。ここでは、彼らはまだ封建的な藩政を自分たちのために(すでに藩主のためにという意識はうすれて)再建しようとしているにすぎないのだ。

薩摩藩のばあいもよく似ている。やはり下級藩士の調所広郷《ずしょひろさと》が登用され、砂糖専売と琉球貿易で利を得るが、藩債を二百五十年賦という気の遠くなるような条件で償還ときめたり、債権者の大坂町人をまえに借用証文を焼いてしまったり、強引の一手で相手を泣寝入りさせ、どうにか財政整理ができあがると、つづいて藩主島津斉彬《なりあきら》のときには、洋学をとりいれて工場制機械工業によって軍備を強化する。ここでも改革の中心は下級藩士であった。

長州藩や薩摩藩の改革をみてもわかるように、改革の実行者は保守的な上士層ではなく、改新的な下士層であり、藩債は無茶苦茶な強引さで整理してしまい、主要な国産品は専売にしている。密貿易がからむ。近代的工業生産がはじまりかけている。ついで近代軍備にとりかかっている。これはみな共通するところだ。しかし、なによりも当面の課題は、封建的農村の再支配ということであった。これに成功しなければ、藩が利益を一人占めしようとする虫のいい専売制を実施はできない。やはり農民はうまくゴマ化され、目先きをかえられ、踏台にされているのだ。

中下級武士層の強みは、農民や町人と身近かであって、彼らの生活も彼らがなにを望んでいるかもよく知っていたことだ。彼らを抑える一方では改革ができないことも知っていた。この時代から幕末、明治維新にいたるまで、中下士層は保守的な上士層から反撃をこうむり、政権争奪の闘争をくりかえすが、ついに改革派が勝利をしめる。それというのも、上士層は成長する農民や町人のすがたを知らなさすぎたからだといえよう。もっとも、中下士層が農商層の立場にたったことはない。あくまで彼らは武士意識で行動している。明治維新がそうであり、それにつづく自由民権運動がそうなのだが、この問題は別に語られることだろう。

28　江戸町奉行鳥居耀蔵

水野忠邦の腹心鳥居耀蔵が、天保の改革にあたっては、江戸町奉行として、じつに陰険苛酷に取締ったから、江戸の町は大御所時代のきらびやかさとは打ってかわって火が消えたようになった。このことは先きにちょっとふれておいた。

まず順序として、天保の改革のときの風俗取締りについて書こう。これは寛政の改革よりも厳しかった。たとえば女髪結の禁止で、あげられたときは髪結の方は百日の入牢、客は三十日の手鎖の刑をくわされた――と聞いただけでも、びっくりするが、それだけではない。両方とも丸坊主にしてしまったというから激しい。この一事だけからでも、いかに衣食住全般にわたって、きびしく取締ったかわかるだろう。

この取締りの総元締が町奉行鳥居耀蔵だ。彼は幕府の儒官林述斎の二男で、旗本の鳥居家をついだのだ。実父が実父だから、学問はあった。そのうえ、口八丁手八丁の利口者でもあったらしい。なかなかの才人で、事務能力も相当なものだった。天保八年の大塩平八郎の乱のあとでは、目附として裁判にたちあい、その手腕を認められている。水野忠邦に抜擢されたのは天保十二年末で、まず勘定奉行となったが、やがて町奉行に転じ、直接改革の急先鋒となって、辣腕というより酷腕をふるうのだ。

ひじょうに陰険残忍な性格で、人を憎んだら徹底的に憎みとおしたというのも、一つには出世欲が病的に旺盛で、嫉妬心が猛烈に強かったからだろう。こんな性格の男が政治的権力をもつと、すきこのんで用いるのは、密告を大いに利用し、一方では隠密をはなってデッチ上げでもなんでも狙ったものを陥れる手だ。そして検挙したら情状酌量もなにもない。最大級の残忍酷薄さで処罰する。この手で江戸じゅうに岡っ引から手先き・下っ引きをはなち、人を見たら隠密と思わなければいられないほど、どこから聞き込むのか、たちまち役人があらわれて、どのように小さな違反も摘発したから、大御所時代のなごりで開ききっていた江戸市民の毛孔も神経も、シュンといっぺんに縮こまってしまった。人々が「まむしの耀蔵」といい、「妖怪」と陰口をきいたのももっともだ。しかし、「まむしの耀蔵」の本領は市中取締りなどまだ序の口で、このあと遺憾なく発揮される。

改革のたびに、いつも真っ先きに槍玉にあげられるのが芝居だ。このときもご多分にもれない。堺町の中村座、葺屋町の市村座、木挽町の森田座が江戸三座の大芝居として公認されていたが、天保十三年に浅草の猿若町へまとめて移転を命ぜられた。文政時代から芝居はすさまじい人気で、衣裳も道具も一段と華美になり、美しい役者はもてはやされ、舞台はさながら錦絵をみるようで、その絢爛さに観客はただ陶然となったものだ。このころの芝居は、新春は「曾我」年末は「忠臣蔵」三月狂言は「鏡山」ときまっていた。三月狂言は御殿女中が三月に宿下りするから、それを当てこんでのものだった。

この役者たちが町家のものと交際しては、華美なその風俗が伝染してよろしくないという理由から、芝居小屋も役者も一括して移転させられたのである。

ここで、すこし説明がいるだろう。役者を卑しめて河原者というが、河原者なら非人頭の支配下にならねばならない。さきに説明したように、乞食とか心中しそこないが落とされる最低クラスだ。そこで、いや、役者は演技者として一般良民であるというものと、ここに二説に分れた。これにたいして、芝居がさかんになった五代将軍綱吉の時代、宝永五（一七〇八）年六月に評定所で審理された。けっきょく、非人頭の支配外、すなわち良民であると判決され、役者の身分が保証されたのである。まったく、ご苦労な話だが、重要事件にはちがいない。

良民ときまれば、ほかの町人同様に町屋に住んでよいわけだ。ところが、江戸の町人生活を知るうえにぜひ必要なことだが、町屋に住むには、なにか商売していなければならないという法律がある（浪人者とか医者や儒者はあきないはしていなくてもよい）。そこで、役者も町屋に住む以上は、なにか売っていなければならない。そこで、役者も損得は二の次にして店をもっていた。その商売をみてみると、香具、油店、売薬店、遠州おこし、鹿の子餅、せんべい店、焼杉箱の売店、そのほかがある。そして、その店には屋号があるわけだが、その屋号を芝居町にまでもってきて、舞台でもつかったし、弟子はそれを襲用したというわけだ。「ナントカ屋ァ！」と声がかかるゆえんである。

天保の改革で芝居は猿若町にあつめられたが、役者には、まだまだ生活上の制限がある。役者と一般人が同席することも許可がいった。役者は顔をあらわして道を歩いてもならぬと達せられたから、みんな編笠をかぶって外出した。これに違反して八代目団十郎は素面で歩いて罰せられた。衣裳や小道具も贅沢すぎるものを使ったといって罰せられたものもある。

もちろん大衆娯楽の寄席《よせ》も弾圧された。寄席は享保ごろからあったらしいが、今日のような寄席ができたのは文化以後だろうと言われる。天保の改革では、江戸の寄席（「寄せ場」からきた言葉だ）を十五軒だけにしている。寄席に一段と人気が出たのは娘義太夫が出るようになってからだ。女浄瑠璃の全盛は文政時代で、事の成りゆきから、ついには娘義太夫がお座敷づとめをするようになり、いささか怪しい振舞いにおよぶことがおこるのは、状況からみれば当然かもしれない。岡場所を取締って売女の一掃を期したくらいだから、これを弾圧したのはもっともなことだ。天保十二年末には、娘義太夫を三十六人つかまえて手鎖にし、席亭を江戸払いにしたというからきびしい。

さて、鳥居妖怪はなかなかデッチあげの名人だった。天保十（一八三九）年には、「蛮社の獄」といわれるものがおこる。『慎機論』（一八三八）を書いた渡辺崋山や『夢物語』（一八三八）を著わした高野長英たちが「無人島渡航を企らんでいる」という無根の理由で逮捕された事件にも、鳥居耀蔵は一枚くわわっている。天保十二年十二月には鳥居の讒言で、矢部駿河守定謙《さだのり》が改易されている。矢部駿河守は口惜しさから飯ものどを通らず、とうとう自分から飢え死に死んでしまった。つぎは洋式砲術家高島秋帆を陥れたのも鳥居妖怪だ。高島秋帆の弟子伊豆韮山の代官江川太郎左衛門（坦庵）も、危なかった一人だ。ただ江川が難をまぬがれたのは、彼は一代官だったが門閥だし、有力な後楯もあって、さすがの妖怪もちょっと手をつけかねたのである。こうしたところにも、彼の卑怯さがあらわれている。

ここで、話がすこし前後するが、高島秋帆の名が出てきたついでに、彼にまつわる挿話を一つ語っておこう。

高島家は代々長崎の町年寄で、秋帆は鉄砲方となり、長崎会所調役をしていたが、ナポレオン戦争に参加した経験のあるオランダ人デビレニューから世界情勢をきき、また洋式砲術をおさめた。その後研究をかさねて、ついに一流をなしたものだ。のちに幕府に上書して、大いに近代的砲術の必要を説いたが、それについての評定の席で鳥居耀蔵は大いに反対している。これは、鳥居が儒官の家の出で、非常に保守的なものの考え方しかできなかったから、進歩的な蘭学者流の考え方がむしょうに嫉ましかったからだ。しかし、ついに水野忠邦は高島秋帆の意見を採用して、天保十二年五月九日武蔵国徳丸原で、秋帆の洋式砲術の演習をみることになった。この演習がおわったあと、老中から意見をきかれた幕府銃砲方・井上左太夫は、まったく見当はずれで、独りよがりの片意地な保守性まるだしの答申をしている。

「いたって不出来で、まるで子どものいくさごっこのようなものでございます。ちっともわが国伝来の砲術のうえに利益になるところはございません」と口をきわめてコキおろしたうえに、「軍陣の指揮にオランダ語なんか用いるのは不見識きわまります」と非難している。

これにたいする高島秋帆の反駁がおもしろい。

「外国語だからといって頭から忌みきらうのはどんなものでしょうか。漢字も外国のものではありませんか。日本語には天竺《てんじく》、琉球、朝鮮、オランダ、南蛮、蝦夷までも混入しております。その外国語をみんな取り去って日本古来の言葉ばかりにしたら、通用しにくいことも多いでしょう。けっきょく外国語でも使いなれたら、日本語とかわりありません。私が思いますには、中国音だろうとオランダ語だろうと、軍兵指揮には便利であるということが一番大切で、便利なものを使う方がよいと思います。これを一々日本語になおしていたら、かえって不便をするでしょう」

ここで、また思い出されるのが、旧日本軍閥の軍隊用語だ。まったく不便に不便に造りかえて、無駄骨おらしたから、敗戦の責任の半分はたしかにここにある。たとえば、スリッパが上靴《じょうか》で、ゲートルは巻脚絆、ズボンが軍袴で……。非能率に非能率にと心掛けたものだ。百年もまえの秋帆ほどの識見も持てなかったとは笑いごとではない話だ。

高島秋帆はその後、しつこくて腹黒い保守派の代表格である鳥居妖怪のために追放される。

29 蛮社の獄

渡辺崋山（一七九三〜一八四一）は画家として有名だが、彼は三河（愛知県）田原《たわら》藩の家老である。身分こそ家老だが、一万二千石の小藩だ。どこも同じことで、この藩でも俸禄の八割借上げなどする貧乏藩だから家計はおそろしく苦しい。ご家老が質屋通いをして年の瀬を越しているありさまだ。若いころからその家計の一助にもと画に志して谷文晁《たにぶんちょう》（一七六三〜一八四〇）について南画を学んだ。有名な「一掃百態」は彼の二十六歳のときの作だが、当時の江戸の社会風俗に対する痛憤が諷刺とユーモアをもって思う存分に表現されている。はじめ儒学を佐藤一斎について学んだ。家老になったのは四十歳のときだ。いつごろから蘭学に関心をもちはじめたかは、明らかではないが、二十六歳ころ、長崎遊学を志したが果たさなかったことがある。ちょうどこの年に洋画の先駆者司馬江漢が死んでいる。絵画を志した崋山が司馬江漢の仕事や思想に関心がないわけはなく、長崎へ絵画の修業に行きたかった気持もわかる。崋山は家老になると、民政につくし、天保四年の飢饉のあとでは農学者大蔵永常を藩の産物掛として招いて、その指導で大いに農産物の収穫をあげようとしたり、天保八年には佐藤信淵（一七六九〜一八五〇）を招いて農事、農政の講習会をひらいている。天保七年の飢饉には領内に一人の餓死者も出さなかったというので、幕府から田原藩は褒詞をもらった。彼の功績だ。彼は家老として民政や海防に努力しているうちに、はじめて実用学としての蘭学の必要を感じたのである。

崋山は高野長英（一八〇四〜五〇）と親しかった。長英は長崎でシーボルトについて学んだのだ。崋山はオランダ語が読めなかったから、高野長英とか、おなじく親友だった蘭学者小関三英などを通して、蘭学の知識を身につけたのである。天保四年から、これらの人々があつまって時事問題を研究する会をおこした。これが「尚歯会」だ。年齢や地位の関係から、しぜん崋山が主催者という恰好になり、長英や三英が蘭学の知識をあたえたり、指導したりした。この研究会には色とりどりの人たちが集まった。崋山の師で古河藩六万石の家老である鷹見泉石がいるかとおもうと、伊豆韮山の代官江川太郎左衛門がいたし、そのほか幕府や諸藩の武士もいるといったぐあいだった。ただ、これらの人々は、大御所時代の政治の実態にふれ、また海外事情にもいくらか通じていて、しんけんに悩んでいたということを見のがしてはならない。

天保九年十月、ある日の研究会がおわり、わずかな人がまだ残っていた。そのとき、幕府の評定所の記録方をしている芳賀市三郎から、「極秘のことでござる」と前おきして見せられたのが、いわゆる『和蘭《オランダ》風説書』だった。風説書はオランダ商館長から長崎奉行を通じて定期的に幕府に差出す報告書だ。だが、その日、崋山や長英たち尚歯会の面々が聞いたそれは、驚くべきものだった。

イギリス船が近いうちに日本人漂流民をおくりかたがた日本を訪れる。使節の名は「モリソン」というのだった。ただそれだけなら驚くことはないのだが、幕府は文政八年に異国船打払令を出している。漂流民をおくってくれる親切にたいしても、幕府は鎖国令を楯にいつも無礼なあつかいばかり。このままにしておけば、幕府は英露の実力も知らず、めくら滅法に打払令を実行するだけだろう。それはかえって日本を危機に追いこむものだ。

これを心配した崋山は『慎機論』を、長英は『夢物語』をさっそく書いた。『夢物語』は無署名だったが友人間に回覧されているうちに、いつの間にか幕府当局の手にはいり、将軍の耳にも達してしまった。書いてあることは、夢の中での甲乙二人の問答体になっていて、打払令を批判して、攘夷が策を得たものでない、漂流民を引取り、使節を引見して外国情勢をきき、貿易の要求は鎖国のことを説明して、おだやかに退去させるがよい、と論じた、きわめて穏健なものだ。

これは先きに書いたことだが、マカオから漂流民を浦賀沖まで送ってきてくれたモリソン号のことを間違えたのだ。アメリカ船モリソン号という船名をイギリス人モリソンという人名と誤ったのだが、これは『和蘭風説書』自体がまちがえていたのだから仕方がない。

もう一つ、気づかれたことと思うが、モリソン号が浦賀に来たのは天保八年だったから、すでに過去のことだ。それを、将来イギリス人モリソンが来るものとして立論しているのは、いかにもボンヤリした話だが、目も耳もふさがれていた鎖国下の社会にいるものとしては無理からぬことだ。それにしても、尚歯会の面々の海外の情勢に明かるく、情勢判断がきわめて正確だったことが、幕府を仰天させた。なにしろ、鎖国下、海外の情報は幕府の内部でもごく一部分だけが知っているものとばかり信じていたのだから。しかも、蘭学を許しているのは、実用になる学問技術を研究するという範囲においてだ。海外情勢をみだりに触れまわったり、政治問題に口出しするとはもってのほかと激怒した。そのうえ、佐藤一斎の門人で朱子学の正統につらなるべきはずの渡辺崋山までが、蘭学に熱中して、しかも「尚歯会」などと、いかにも敬老家の集まりみたいな名をかたっておかみの目をゴマ化し、主催者になっているとは許しておけぬというわけだ。

蘭学がさかんになると、これに反感をいだく儒者や保守主義者が、機会あれば、足をすくってやろうと虎視眈々である。しかも、ときの目附は保守派の水野忠邦の息のかかった妖怪鳥居耀蔵だったからたまらない。なんども言うが、まむしの耀蔵は朱子学の宗家林述斎の二男である。

天保十年のことだ。江戸近海防衛のため、浦賀測量の命令が、鳥居耀蔵と、尚歯会のメンバーで高島秋帆の弟子でもある伊豆韮山の代官江川太郎左衛門にくだった。この勝負ははじめからわかっていた。出来あがったものは、鳥居派のものは旧式な見取図みたいな図面だし、江川派は洋式測量の精密な地図だったから、鳥居耀蔵はまるきり面目をつぶした。もちろん、自分の失敗は棚にあげて根にもった。

その年五月十四日、渡辺崋山は突然逮捕され揚屋《あがりや》入りを命ぜられた。家宅捜査されて、書物や手紙類が証拠として押収された。『慎機論』の草稿もこの中にあったのだ。なぜこんなことになったかといえば、御納戸番花井虎一という男が、「畏れながら、崋山ならびに長英らに不穏な企てがございます」と訴え出たからだ。花井虎一はまえから崋山のところへ出入りし、多少は蘭学にも興味をしめしていたのだが、いつの間にかスパイになっていたのだ。『慎機論』の草稿などは、崋山はだれにも見せていなかったが、運わるく、花井虎一にだけはちょっと読ませたことがあった。花井は鳥居耀蔵の部下の小笠原貢蔵に命ぜられてスパイになったのだ。小笠原貢蔵というのは、さきに浦賀測量には実地に参加した男で、鳥居に赤恥をかかせたつぐないを是非しなければあとのタタリが恐ろしい。そこで花井をつかって、崋山一派に復讐したわけだ。小笠原貢蔵に崋山がうらまれるのは、江川太郎左衛門の測量班に崋山が高野長英門下を推薦したことがからんでいる。小笠原貢蔵が花井虎一をスパイとしたのも、鳥居妖怪から出た指令なのだ。花井虎一の訴状を目附鳥居耀蔵は老中水野忠邦に具申した。花井はだいたいつぎのように訴えている。

「近頃蛮学（洋学のこと）が流行し、天文地理、医学本草にいたるまで、みな蛮学をもって研究している。これに力を入れているのは、大名では島津家、三河、原の三宅家である。旗本では松平内記、松平伊勢守、下曾根金三郎、江川太郎左衛門、古賀小太郎、羽倉外記などである。諸藩には紀州の遠藤勝助、水戸の立原任太郎、雲州の望月菟毛《ともう》、庄司郡平、また田原の渡辺登（崋山）、岸和田の岡部家抱の小関三英、また町医師高野長英、鈴木春山などがいる。彼らは妖言をはなち、外夷を称賛し、人心を煽動している。ところが、このごろでは、彼らは徒党をむすび、無人島に渡ろうと企らんでいる。これには旗本羽倉外記と江川太郎左衛門たちが賛成している。これは、無人島にわたって、そこを開墾し物産を興隆するのが目的だと言っているが、じつは外国に渡航して、将来交易をひらこうとする下心からにほかならない。また、噂によれば、彼ら蛮社の連中は、さきに謀反した大塩平八郎と親交を結んでおり、大塩の謀反にも関係していた様子だ」

まったくのデッチあげなのだ。無人島渡航などは山口屋彦兵衛という山師気分の旺盛な男の話をすりかえて、崋山たちにかぶせたのだ。この結果、哀れ、崋山は田原藩にお預け蟄居、のちに自殺した。長英は「永牢」となった。三英は検挙されるまえに外科医らしくメスで動脈を切って自殺した。永牢中の長英は弘化元（一八四四）年火事に乗じて脱獄し、蘭書を翻訳したり、医者をやったり、あるいは洋学教授などして地下生活をおくっていた。嘉永二（一八四九）年に顔を自から焼いて人相をかえ、沢三伯と変名して江戸に潜入した。医者をしながら翻訳著作にあたっていたが、ついに幕吏の知るところとなり、捕吏におそわれた。すでにのがれられぬと観念した彼は自殺して果てたのである。

要するに蛮社の獄といわれるものは、新旧思想の対立であり、政治的疑獄でもあった。蘭学弾圧を唯一の目的としたものではないが、その後は蘭学者自身が用心してしまい、軍事的学問技術もふくめて、実用学としての学問技術にかぎられるようになっていった。

30　鳥居耀蔵の背信

老中水野越前守忠邦失脚の直接原因は江戸大坂の周囲十里以内の私領を上納させて天領にす

るという「上知令」が、天保十四年九月十四日発令されながらも、猛反対にあってついに引っこめざるをえなくなったことからだ。

この上知令の熱心な建策者は町奉行鳥居甲斐守、御書物奉行渋川六蔵などだった。しかし、上知令は幕府にとっては都合がよいが、江戸大坂十里以内の地に領地をもつ大名や旗本には死活問題でさえある。替地をくれるといっても、現在よりよい土地になることは絶対にない。おなじ老中土井大炊頭利位《おおいのかみとしただ》なども、大坂付近に三万石の富有な領分があるのに、上知令に連署しているが、水野の勢力をはばかってのことで、本心はもちろん厭々だった。なんとか機会と口実があったら、やめてもらいたい肚のうちだ。そのほか、利害関係が複雑なので、反対者はいたって多い。日に日にふえてゆく形勢だ。そこで、鳥居妖怪はそれら反対論者をブラック・リストにのせて、私行や不正を摘発し、側面攻撃をかけて彼らを圧服してしまおうと企んだ。反対派もよりより協議している。上知令がいかに将軍の上意からだと表面上なっていても、水野忠邦の政策だとわかっているから諸々と受け入れる気はない。有力な反対者が出てくるのを待っていたわけだ。ついに、はじめ連署した土井利位も反対派にまわってしまった。事態容易ならずとみた鳥居妖怪は、土井以下のそうそうたる幕吏の追放を水野忠邦に進言したが、水野忠邦には上知令を強行してしまえる自信があったのか、この案をすぐには用いなかった。これを知った上知令反対派は、なにやかやと策を立てて、水野忠邦の政治を誤らしめる元凶は、町奉行鳥居甲斐守、榊原主計頭《かずえのかみ》の両人にちがいないから、まずこの両人を追放してしまえと画策しはじめた。鳥居妖怪はこの動きを察知したから、渋川六蔵たちと謀って、反対派の機先を制して、彼らのどんな小さな非違も容赦なく暴《あば》いてしまう作戦に出た。これは水野忠邦の政策遂行とか、水野忠邦の身の上を思ってのことではなく、自分の保身のためだったわけだ。とにかく両派の暗闘は猛烈をきわめたのだ。そして、反対派の攻撃目標は鳥居ひとりに向けられているような観さえあった。

水野忠邦は将軍家慶が大奥の反対派の声をきいて上知令遂行の決心をグラつかせては苦心の政策も水の泡になるので、将軍の決心を固めておかねばならないと判断した。反対派は水野の緊縮令に不平満々の大奥勢力に協力を求めているふしがある。忠邦も焦ってきていたのだ。

九月二十三日、忠邦は御用部屋を出て、奥に行き、御側衆にむかって、「ただちに謁見を賜わるよう御取次ぎねがいたい」と申し出た。すると、御側衆は「上様にはただいま御休息中でござるゆえ、かないますまい」と断わったのだが、それでも忠邦は強引に願った。このときの御側用人御取次は水野の息のかかった新見《しんみ》伊賀守だったから、謁見ができたのである。

ここで江戸城中のことをすこし説明しておこう。江戸城は、表、奥、大奥の三つに別かれている。大奥は将軍の御台所《みだいどころ》をはじめ、側室や、それぞれの侍女など、女ばかりの世界だ。将軍以外はもちろん男子禁制である。その中で将軍の寵《ちょう》を得ようとして女たちのすさまじい想像を絶した暗闘がくりひろげられる。このことは別に小説にしているから、ここでは略しておこう。

ただ、四代家綱の時には、まだ春日局以来の質朴さが残っていたが、夫人が伏見宮の姫で、それに従って下向した右衛門佐局、飛鳥井《あすかい》局などによって、大奥の行儀が著しく京風の格式になったことだけ言っておこう。とにかく、御台所や側室の権威を背景に華美と淫蕩と反目嫉視が渦巻き、それが政治まで左右する、あまりにも人間的で且つこの世のものとも思えない不思議な世界だ。奥とは将軍がいつもいるところだ。ここには御側衆、御小姓、御小納戸の人々が奉仕している。将軍が表へ出るのは、儀式そのほか公務のときだけで、ふつうは奥にいる。老中などを謁見するのは御座の間で、御側用人の取次ぎで政務を聞く。そして、用事がおわると、休息の間にはいり、近侍のものを相手にくつろいでいる。表というのは、老中、若年寄、三奉行、大小目附、そのほか諸官の役所というわけだ。そして、表に詰めている役人は、将軍に呼ばれたときでなければ、奥には行かない。老中でも奥は御座の間までしか行けないきまりだ。

ところが、田沼時代には、老中田沼意次がときにはノコノコと将軍の休息の間にまではいっていって、将軍の命だといって、一種のなれあい政治をおこなって弊害が大きかった。ふたたびその弊をくりかえさないために、寛政の改革のとき、松平定信は老中といえども休息の間まではいっていって、政治向きのことを言上してはならないという規定をつくった。

水野忠邦がこれを知らないわけはない。だが、いまは、そんなことを顧慮しているひまはない。彼は休息の間にいた将軍家慶に謁見し、上知令を再確認させたのだ。

大御所時代このかた贅沢になれている大奥は、もちろん水野の政策を快よく思っているはずがない。融通のきかない堅物がはやく辞めてしまえばよいと思っているのが本心だ。いま、この水野忠邦が将軍に謁見を強要したと聞くと、待っていたとばかりに、俄然大奥の感情が硬化した。その気持が上知令反対派と結んでしまった。

こんな話がある。将軍が焼魚を食べるときには、いつも好物の芽《め》生姜《しょうが》が添えてあるのだが、あるとき、それがついていないのに気がついた。給仕の者に、どうしたのだ、と訊ねたところ、給仕の者はおそれいりながら、新しく禁令が出されて、初物を値段もかまわず争って食いたがるのは無駄なことだから、季節以前に売り出すことを禁ずるとお触れが出たので、百姓も禁令を守って芽生姜をまだ売り出さないためでございますと答えた。将軍家慶はフーンと鼻をならして、「芽生姜のような食膳に風味をそえるものまでのう」と改革の徹底ぶりに感心したり、鼻白んだりしたということだ。別の意味で、まったく、将軍などというものは、飾り物にすぎないのだ。

将軍の食卓さえこうなったのだ。大奥の女たちの風俗風紀を取締られたのはとうぜんである。さあ、この芽生姜の一件がつたわった。畏れおおいというわけだ。そして改革改革とうるさいが、けっしてぜんぶが将軍の意志からではない、水野忠邦の専断だと言いふらしはじめた。なにかとうるさい大奥からも水野排斥の火の手があがりはじめた。上知令反対派がこれと結びつかないわけはない（余談になるが、将軍の好物だというので、そのことから約一カ月のちに「野菜物売買之儀、新生姜、貝割菜の売買差支無レ之」と解除を令している。老中も忙しいことだ。まったくナンセンスな話である）。

さて、上知令反対派に口実をあたえる事件がつぎつぎにおこった。もし上知令が実施されると、大名は替地をもらうだろうが、新領主を迎える百姓たちは不安でたまらない。一揆などおこして、多くの犠牲をはらい、せっかく獲得した権利を、新領主になれば御破算にされるおそれが多分にある。農民が動揺しはじめたのだ。

そのうえ、御三家の一である紀州家が反対しはじめた。紀州家の領地が大坂周辺十里以内にひっかかるのである。これは権現様の思召しで賜わったものを、いまさら何を言いだすかと、とっておきの権現様をかつぎ出したわけだ。水野忠邦は反対派が紀州家を動かしたことに感づいた。そこで、紀州家は御三家だから、幕府直轄領とおなじだ、上知には及ばないと除外例を認めようとした。もう、このへんからシドロモドロになる。いち早く形勢不利をさとった鳥居妖怪は、渋川六蔵や、金座取締りの後藤三右衛門と相談して、水野忠邦に進言した。

「紀州家だけに除外例を認めるのはいかがなものでございましょうか。将軍の命を奉じ忠勤をはげむ心は、諸大名も旗本も、けっして御三家におとらぬはずでございます。改革の御沙汰があれば、御三家こそ率先してこれに従われるべきでありましょう。しかるに、御三家にだけ例外を認められるのは、天下を私するものとして、諸家のそしりを受けてもいたしかたございますまい」

妖怪はすでに水野越前守が窮地に立っていることを知っていた。もう水野内閣も長くないと踏んだ。紀州まで反対派と結んではおしまいだ。将軍も近頃ではなんとなく水野を疎《うと》んずるふうが見えるという。鳥居は水野全盛時代に自分がやったことを思いあわせて、早いところ、保身の手を打っておかねば危いと判断した。妖怪は榊原主計頭や渋川六蔵と反対派の土井大炊頭利位の側に寝返ったのである。そのうえ、こんどは水野忠邦の不正をあばこうと探索をはじめている。それだけではない、御小姓中山肥後守に、紀州だけ除外して上知令を強行したら、天下は大騒動になり、徳川家は破滅するだろうと吹きこんだ。

中山肥後守というのは昔気質の一本気な男だったから、そのまま鳥居の言葉を信用した。信用したばかりか、これはお家の一大事とばかり、上知令中止を将軍に諌言した。これが、御用御取次の職にある水野の腹心新見伊賀守の耳にはいった。御小姓が政務について将軍に意見を述べる資格はないし、もしこれを犯したら処罰される。中山肥後守も御小姓になったとき誓詞血判しているのだ。それを忘れたのか、出過ぎた真似をする奴というので、新見伊賀守は中山肥後守を詰問した。責任を感じて中山肥後守は切腹したが、ひそかに意見書を将軍にたてまつっていたのであった。ついに将軍家慶は上知令を撤回するように命じた。こうして水野越前守忠邦は失脚した。

ここで、注目しなければならないのは、大名の領地替えということだ。江戸初期においては将軍と幕府の権威はほとんど無限といってよかったから、もし将軍になにか気にさわることでもあれば、親藩、譜代、外様の別なく、すぐ咎めをうけた。重ければ取潰し、軽くても除封あるいは転封だ。水戸光圀でさえ隠居させられたではないか。親藩越前家の松平光長も除封されている。五代綱吉のときはとくにはげしい。一万石以上の大名で除封されたもの二十余家におよんでいる。転封も意のままだった。ところが、天保時代になると、情勢はすっかりかわっている。譜代大名にたいしてさえ右から左というわけにはいかなくなった。上知令反対派が結集したのも、水野忠邦への反感だけではない。いくら将軍の命令といっても、形式的にでも、諸大名がすぐ承知しなかったのは、すでに物の考え方が変化してきているからだ。「幕府の全国支配者としての実力が減退し、幕藩体制の支柱の一つである将軍と大名との上下関係がくずれはじめていること」（読売新聞社『日本の歴史』第九巻）にはちがいないが、こうした結果があらわれるのも、ものの考え方がかわってきたからだ。ものの考え方を変えるものは、ほかでもない、経済の発展なのだ。武士道もかわったのである。

武士道といえば、それこそ武士の風上にもおけない鳥居妖怪だが、策士、ついに策に斃れて、間もなく失脚してしまう。この話はまた別の機会にゆずろう。

31 無職渡世人の横行

関東には天領や旗本の知行所、寺社領、また大小名の領地が入りくんでいる。やくざが名物の上州（群馬県）野州（栃木県）は天領、上総下総（千葉県、茨城県）には旗本の知行地が多い。とくに下総の九十九里から銚子、そこから利根川をのぼる沿岸には、知行地がつづいていた。幕府の権力が衰えてくると、取締りもゆるむ。そこへつけこんで無宿者が流れこみ、やくざ者が長脇差をぶちこんで横行しはじめていた。そこで文政九（一八二六）年九月には無宿者が長脇差を帯びて徘徊すれば死刑だと厳命を下した。そのくらいのお触れで首をちぢめてはヤクザの名折れとでもいうのか、いっこうにきき目がないので翌文政十年には関東取締出役《とりしまりしゅつやく》、いわゆる「八州廻り」をおいた。これには、幕府代官の配下にいる手附《てつき》、手代が任命された。

もう勘定奉行の管下で、のんびり取締っている段階ではない。地方警察の拡張強化というしだいだ。八州廻りは無宿者や博徒の取締りだけが任務ではない。天領私領の別なく、数カ村をひとまとめにして組合村をつくらせる。おもな宿場や河岸場には情報を交換するための寄場《よせば》をおいた。そこに寄場物代というものがいて、関東取締出役に直属する。なにか組合村の取りきめに違反した村があると寄場物代は八州廻りに密告する。これは農民の反抗を事前に防ぐための監視制度だ。八州廻りは天領私領の別なく自由にはいって、無宿者や博徒を追捕する権限もあたえられていた。

なぜ、こんな制度が必要になったかといえば、警察力がきわめて薄弱だと気がついたからだ。農村の分解がすすみ、つぶれ百姓が多くなって浮浪する。ヤケになって盗賊になる。盗賊にならないまでも、やはり商売往来にないバクチ打ちになってしまう。天領には、だいたい五万石を一単位にして幕府の代官がいる。江戸から遠い土地だと、代官はきまった陣屋にいるが、近いところでは江戸に居るままで支配していた。これがまた治安はそっちのけで私腹をこやすことばかり考えている。旗本の知行所となると代官もいない。どちらにしても、これで治安が十分に保てるわけはない。したがって、無宿者は入りこみ、博打《ばくち》うちははびこり放題というわけだ。この連中が党を組み、たくさん子分を養って縄張りをきめている。ちょっとやそっとの捕り方を差し向けても手におえたものではない。あまり目にあまるので、八州廻りをおいたのである。

ところが、問題はこの八州廻りだ。これがワイロをとるのが仕事みたいなものだ。八州廻りには目明《めあか》し、岡っ引、手先きがつくが、これらは奉行所に登録してあるような素性の正しい奴ではない。本性は博徒ややくざで前科者も多いのだから、なんのことだか、わけがわからなくなる。八州廻りは足軽一人、小者一人をしたがえて、年じゅう受持区域を歩きまわっている。

それが本気でパトロールしているかというと、そうではない。各地に「道案内人」というのがいる。これが曲者《くせもの》で、じつはやくざの親分なのだ。こんな奴が、八州廻りの旦那に妾などとりもって、十手とり縄をあずかっての「二足のわらじ」をはいているのだからしょうがない。なにか事件があっても、「道案内人」がちゃんと段取りをつけておいてから連絡してくるから、八州廻りが役目をしくじることは絶対にないわけだ。道案内人はまた八州廻りが別の土地に出向くまえに、抜かりなく仲間に連絡しておく。そちらも都合のわるい奴は匿すなり、逃がすなりして待っているから、まったく楽なものだ。

下総の飯岡の助五郎も「道案内人」の一人だった。この助五郎が笹川の繁蔵になぐり込みをかけたのが天保十五年八月六日。講談その他でご存じだろう。このとき、れいの無宿浪人平手造酒こと平田深喜が死んでいる。食いつめものの浪人を博徒が用心棒に雇ったのは、ご承知のとおりだが、なにもないとき、お抱えの浪人者に酒を飲まして遊ばしてばかりいたのではない。こうした喧嘩出入りのときの用意に、親分連中は実戦的剣術の強い師範をかかえて、子分たちを仕込んでもらっていたのである。近藤勇の前身もこれだったらしい。

農村の指導者大原幽学は尾張藩士の養子だったが、それを辞してから各地の農村を見てまわり、天保六年に下総香取郷長部村の名主遠藤氏にまねかれてこの地に来たときには、百姓はすっかり勤労意欲がなくバクチ三昧で、村々は疲弊荒廃のどん底にあった。そこで、勤倹貯蓄と生活の合理化をおしえた。先祖株組合という信用組合の先駆ともいわれるものをつくり、つぶれ百姓を救済し農村復興に努力した。このために多くの百姓たちはすっかり立ちなおることができたのだ。こうなると、甘い汁がすえなくなって困るのは博徒と親分だ。そこで八州廻りの手先きをつかって、幽学のことを密告させ、ついに彼を自殺にまで追いやってしまったのである。まったく、なんのための関東取締出役だかわからない。

上州野州や下総上総、あるいは五街道の宿場、次郎長で名高い舟着場の清水などで、博徒が威勢をはったのは、なんといっても現金がうごくからだ。上州は生糸と織物だ。それに温泉場は多い。すでにそのころには、工場制手工業の段階にはいりかけている。金をためた織屋は土地を買いあつめ地主になって小作につくらせる。少数の大地主と多くの貧農ができるのだ。この地方の大地主はほとんど織屋を兼業していたようだ。これらの旦那衆やふところのふくらんだ商人が市のかえりに一風呂あびたあと、賭場をのぞいて誘惑される。また織屋やそれに関連した仕事につく奉公人の口入屋がたくさんいる。この連中も金まわりはよい。それに、娘を奉公に出して契約金をもらって気の大きくなった親父たちも、ついバクチ場に足を向けて巻きあげられることにもなる。下総上総では農作物、醬油などのほかに魚がある。江戸からの買い出しで現金がうごく。江戸の食いつめ者が流れこむ。街道筋の宿場も現金はうごくし、清水ともなれば、回船の舟着場だ。バクチがさかんにならない方が不思議である。

もう一つ博徒をはびこらせた重大な要因がある。無宿者にしても国定忠治のような親分にしても、捕まえるのはいいが、それを江戸へ送るのがたいへんだ。いっさいの費用が組合村の負担になるのである。だから、おなじ博徒の親分の「道案内人」が凶状持ちを八州廻りの来るまえに逃がしたり匿したりしてくれた方がいい。なにもかも、さわらぬ神にたたりなしだ。うっかり手柄を立てたら大損をするから、見て見ぬふりするのが利口というものだ。

しかし、こう書いてきたからといって、貧乏に圧し潰されて農民が農民のぜんぶ無気力になってしまったのではけっしてない。林基氏の『百姓一揆の伝統』から、この時代の概観を要約して見てみたい。記録によると、天明三年から寛政四年までの十年間に一一〇件もかぞえられた百姓一揆が、寛政から文化年間には一時すくなくなっている。藩領内の百姓がぜんぶ蹶起する大一揆はほとんどなく、小規模な暴動や打ちこわし程度のものが散発しているにすぎない。そうは言っても、さきに長州藩の村田清風の改革のところでみたような天保元年から数年にわたっておこった大一揆もあるし、天保九年には佐渡全島の農民が蜂起した例もある。このとき一揆の指導部は高一石について三文の軍資金を徴収して闘争資金をつくっている。また指導者善兵衛が逮捕されると、翌日には一万にのぼる農民が奉行所に奪還のために押し寄せている。ヘタな藩兵などより機動力を発揮しているのだ。このとき善兵衛は役人にむかって「おれは佐渡一国の惣代だ、おまえたちに捕まる理由はない」と昂然と言いはなった。これは、ただの強がりや放言ではない。「民衆は自分たちこそがこの国の主人公であるという自覚をようやく生み出しはじめていた」証拠なのだ。同じ年南部藩の一揆はわずか二カ月の間に三回も蜂起し、藩が民意を聞くといって目安箱をおくと、はいっている投書は藩のやり口の悪口ばかりだったから、耳が痛くなって廃止。なにかあるというので役人を差し向ければ、大勢の百姓にとり囲まれて強訴され、ただもうオロオロして逃げかえるばかり。ついに百姓が路上で武士とすれちがっても、これまでのように土下座するものなどなくなった。フンと鼻先きを空に向けて悠然と行きすぎるありさま。ついに武士の権威は地をはらったのである。南部藩はじつに江戸時代を通じて一揆に悩まされつづけたところだ。この後にも、弘化、嘉永と全藩的な組織的一揆が揺さぶっている。

しかし、全藩的な一揆が大御所時代に少なかったのは、領主側の慰撫譲歩政策もあったろうが、断続的ではあったが豊作がつづいたこと、そして農村の商品生産が進んで一時的な安定期がおとずれたことなどが挙げられよう。だが、上州の織物のところで、ちょっと触れたように、農村の商品生産がすすむことは、各地に在郷商人を生んだとともに、工場制手工業を発達させ、その資本家が大地主になる反面、貧農がふえ、半プロレタリアートがつくられてゆくことにもなる。そして、資本家地主層のいわゆる上層部は、もともと農民でありながら、政治的権力側と金でなれあって手をにぎってしまう（ここで私は日本人特有の身分観念が、どのような過程を経て形成されてきたかを書きたいのだが、その余裕がないのを残念に思う）。貧農、半プロ層は孤立させられる。この連中は領主と地主から二重の搾取を受けるのだから、そのままでは殺されてしまう。闘わざるを得ない。都市に流れこんだ半プロ層は打ちこわしで抵抗する。文化八年から九年にかけての北九州、文化十四年の越後地方では、暴動が一個所でおこると、横這いにひろがって他の藩領にまで波及している。むかしは、たとえ一藩内で一揆がおこっても、他領へ波及することは滅多になかった。それどころか、他領（そこは現在の外国よりも遠く隔絶した世界だったのだ）に逃げこんだり、隣藩の領主に訴え出て（越訴《おっそ》）たすけを求めたものだ。このように横にひろがる理由は、孤立した下層農民が独自の組織と指導を、領内あるいは他藩領をとわず、おなじ階層にもとめて竹藪の根のように這いひろがったためだ。それとともに、特に私が思うのは、すでに隣接各藩内の商品生産の発展度に差がなくなり、おなじように農村の中での階級分化がすすんでいたためではあるまいか。文化十年富山藩におこった一揆では、どこからともなく放下師（頭布《ずきん》の上に烏帽子《えぼし》をかぶり、小切子《こきりこ》を使って歌い舞い、さまざまの曲芸、手品を演じたもの――広辞苑――）がまぎれこんできて、いろは歌で一揆を指導したということだ。こうした全国をわたりあるく組織者――ストライキのオルグみたいなものまで現われはじめている。

とくに、治安の弱い天領や旗本知行所に、無宿者が入りこみやすいことは前に書いたとおりだが、交通は発達し、経済はすすみ、世の中の生活も複雑になってくれば、領地にどんな人間がまぎれこむかわからない。オルグは放下師に化けるとはきまっていない。浪人もいよう、振売り（行商人）もいよう、やくざに化けて流れこんでこないともかぎらない。これをつかまえるのは、なにより密告だ。ゆるみのきた幕府が、まずお膝元、関東の天領の警察力を強化統一し、人民どもの動きを警戒するために、関東取締出役をおいた意味もここにある。八州廻りの旦那方は博徒の追捕ばかりが役目でなかったことを知っていただきたい。

密告で思い出したから、一つ付け加えておきたいのは、天保八年二月の大塩平八郎の乱だ。彼は蜂起のことを事前に密告されて、よんどころなく予定より早く起たねばならなかった。密告者は彼の弟子で、もとの下僚だった男だ。私が言いたいのは、その卑怯な密告者のことではない。また、大塩平八郎はけっきょく封建秩序に忠実な封建官僚だったことを証明したいのではない。そしてまた、彼の乱に参加した貧民が、ほとんど野次馬気分で走りまわったにすぎないと言いたいのでもない。この騒動が幕府に与えた衝撃は「乱」にあたいするものだったろうが、実態からみれば、ちょっと大掛かりな打ちこわしにすぎない。そんなことよりも、いま私の興味をそそるのは、大坂町奉行元与力・大塩平八郎が乱に破れてからの逃走経路だ。いや、経路というよりも、逃走中には密告がなかったことだ。大塩平八郎は職業柄なかなかうまく捕吏の目をかすめている。乱に破れたのが二月十九日。このときの幕府方の狼狽ぶりはまさに噴飯ものだ（参考のために書いておくなら、ときの大坂城代は、後年の上知令で水野忠邦の反対派にまわった土井大炊頭だ。彼は下総古河の城主だが、大坂近在の平野に一万五千石の飛地がある。大塩が最後の隠れ家にした手拭地の仕入れ商美吉屋五郎兵衛のところに、この平野から女中が奉公にきていて、その女から大塩父子の居所がもれることになる。なお、大塩と意見の合わなかった大坂東町奉行跡部《あとべ》山城守良弼《よしただ》は老中水野越前守忠邦の弟だった）。指揮官の東西町奉行はそろいもそろって、砲声におどろいて跳ねあがった馬から振りおとされる醜態だし、かり出された足軽たちは逃げまどう始末。そこで、居あわせた部落民をあつめてきて、彼らに大小を佩かせ、そのあとから、足軽雑兵がオッカナびっくりの屁っぴり腰で進んだということだ（『浪華騒動記』）。

それはさておき、乱のあと、血眼になって捜すが、大塩平八郎の行方がわからない。彼は河内から大和にはいり、また河内にもどり、二月二十四日に五郎兵衛方にかくまわれる。それから捕まるまで一カ月あまりひそんでいたのである。高飛びしたら、かえって捕まる。大坂市中に隠れている方が捜査の目をくらましやすいと知っていたのは、さすがだ。それだけではない、彼ら父子が大和にはいってからは、特殊部落から特殊部落へ逃げたので、その足取りがつかめなかったのだ。これも、さすがである。

理由のない差別は封建的身分制度を維持するためには便利だったろうが、こうしたときには、とんでもない不便をこうむる。こうした政治的犯罪者やつぶれ百姓はしり百姓が追われて、部落に身をかくした例も多いのである。役人たちが部落民を捕吏の手先きにつかったのは、彼らの身分的反感を利用した点もあるが、こうして部落に身をひそめた連中を密告摘発させるためもあったわけだ。しかし、後者の方はあまり効果はあがっていないようだ。記録も少ないが、部落民の団結が強かったからだと私は思う。この団結力と反感と起ちあがろうとする力に目をつけたのが、のちの長州藩の高杉晋作だ。惰弱な藩兵だけでは心もとないというので、町人農民の差別なく兵をつのって新式訓練をしたのが奇兵隊であるが、その中に維新団というのがある。これは部落民を中心とした兵隊だ。第二次長州征伐のときの彼らの奮戦ぶりは凄まじく、幕軍の井伊、榊原藩兵を撃破してしまった。大塩の乱でも、偶然の機会から幕府方がこれを利用しているのだ。

これは被差別民の中にある権力への迎合と抵抗の二面を都合よく利用した話になってしまったけれども、見落としてならないのは、知らず知らずに利用された彼らの悲劇性である。同時に、こうした身分観念を植えつけた封建的身分制度の惨虐性である。この問題はじっくり考えてみなければならないと思う。

32
海の白蟻《しろあり》

イギリスと清国の間に阿片戦争がおこったのは一八四〇（天保十一）年のことで、その結果は清国がイギリスに屈服して南京条約が締結され、香港をとられた。そのころ、「密封されたミイラ」といわれる鎖国日本では、高島秋帆が徳丸原で西洋式砲術を演じているし、いよいよ水野忠邦が逆コースの天保の改革に乗り出している。しかし、さすがに外国の実力は認めないわけにいかなかったから、清国が南京条約を結ばせられたと同じ年、すなわち日本では天保十三（一八四二）年に無謀きわまる文政の異国船打払令をひっこめて、難破した外国船には薪水を与えて穏かにお引取りをねがいたいという文化の撫恤令（一八〇六）に対外政策をもどしている。

このあたりから、しばらく鎖国日本にひしひしと迫ってくる外国勢力の動きを見ると、水野忠邦が失脚した翌年弘化元（一八四四）年三月には、フランス船が琉球にきて通商を求めている。同年八月には、オランダ国王が幕府に国書を送って、開国を勧告してきたが、幕府は翌年六月にこれを謝絶した。すると、さっそく翌月にはまたイギリス船が琉球にきて通商を求めている。翌弘化三年四月、英仏軍艦がまた琉球にやってきた。同年閏五月、アメリカの東インド艦隊司令長官ビッドルが浦賀に来て通商を求める。同年七月、フランス軍艦が長崎に来る。いよいよ忙しくなった。弘化四年、あわてた幕府は関東沿岸の防備を強化して砲台を築く。翌年改元あって嘉永元（一八四八）年に、アメリカ人が松前に漂着したのを、長崎に送っている。翌嘉永二年五月、まったく対外問題に自信をうしなった幕府は、また文政の打払令にもどしたほうがよくはないかと、諸大名の意見をきいている。その間に幕府は西洋式の大砲六門を造った。たった六門である！　嘉永三年、佐賀藩が反射炉を築造した。嘉永四年、アメリカ船が土佐の漂流民、ジョン・万次郎を琉球に送ってきた。嘉永五年六月、ロシヤ船が下田にきた。この年に、長崎のオランダ商館長はれいの『和蘭風説書』によって米艦隊の来航が近いことを予報している。そして、その予告どおり、嘉永六（一八五三）年六月三日、アメリカ東インド艦隊司令長官ペリーが黒船四隻をひきいて、江戸の鼻先き、浦賀に入港してきたのである。その翌月には、追っかけてロシヤ使節プチャーチンが長崎に来航した。

ここまで見てきただけで、幕府がその都度どのように狼狽したかが想像つく。しかも、確固とした方針はなく、いつも一時しのぎの方便策で糊塗してきたのだが、いよいよそれも出来なくなりそうになった。

鎖国！　それは徳川家の祖法であり、封建制を守るために死守しなければならない絶対の政策だったのだが、ペリーの強硬な要求に幕府は屈して、ついに開国に踏みきった。このことは、長かった封建制の倒壊と同時に徳川幕府滅亡がもはや時間の問題になったことを意味するものであった。

鎖国！　幕府は海外にむかう人民の目を躍起になって目かくししてきたが、その指と指の隙間から、彼らはそれを垣間見ていたのだ。蘭学者はもちろんだが、漂流民も、その中に数えられるだろう。そして、開国の気運を代表するいかにもエネルギッシュな存在が、かの密貿易者であった。

江戸時代の中期以降、密貿易はあちこちで行われはじめた。そこで、幕府はたびたび抜荷買いの禁令を出し、きびしく取締ったのだが、幕府の統制力がゆるむと、ますます密貿易は活発になった。オランダ船や唐船に近づいてコソコソと抜荷を買ったり、長崎で正規の貿易をすませて帰ってゆく船を五島沖あたりに待ちうけていて、輸入不許可品や余り物を買うこともある。あるいは打合わせておいて近海で密会して取引きする。それなどは規模も小さい方だ。大胆にこっちから遠く外地朝鮮、中国、南方まで出掛けてゆくものも出てきたのである。博多商人の伊藤小左衛門が資金を集めて、博多や長崎の商人とくんで、対馬を基地に対朝鮮密輸で巨富を積んだ話は有名だ。寛文七（一六六七）年八月に、暴風にあって、輸出用の武器などたくさん積んでいた船が対馬藩の役人に見つかり、のちに処刑されたが、この程度の大きさの密輸団なら、その後いくらもある。

江戸時代後期になると、藩が財政窮乏をおぎなうため、みずから密貿易をやっている。その代表格が薩摩藩で、幕府に発覚しそうになったとき、責任を負って、藩政改革の功労者といわれる調所広郷は嘉永元（一八四八）年に自殺している。これも、もちろん有力な商人に密貿易をやらせ、これを黙認して、莫大な御用金を取ったのであって、藩が直接に船を動かしたのではない。だが、実質は同じだ。しかし、幕府に知れたときには、いままで利用していた商人に、いっさいの罪を背負わせ、死人に口なしで、幕府の取調べまえに殺してしまうのが、常套手段だ。加賀藩の銭屋五兵衛事件がそうだ。

ことが事だから、はっきりした記録はのこっていないし、資料も断片的なものだが、銭屋五兵衛が大胆不敵に大規模な密貿易をやっていたことは確かだ。

銭屋五兵衛は明和八（一七七一）年加賀百万石の城下町、金沢の外港宮之腰の商人の子として生まれた。二十八歳で独立すると、松前貿易に目をつけた。加賀米を積んでいって、乾ニシンとか昆布など蝦夷地の産物を持って帰る。これで、しだいに財産をきずいて、数年のうちに支店が松前、箱館、長崎などにできるまでになった。そのころには、彼の船は、千石積から二千五百石積までの大形船が十三艘、千石積以下の船なら百十余艘もあったという。

松前貿易だけで、こんなに利益をあげうるわけがない。その秘密は簡単だ。松前貿易をはじめた早々に、エトロフ島の沖で偶然ロシヤ船と出会ったのが密貿易に手をそめた初めである。それからは、打合わせておいて海上で取引きをしつづけたのだ。たちまち巨富を積んだ。銭屋の支店はたちまち全国に三十四個所にふえ、その倉庫には織物、砂糖、薬品、そのほか日本では出来るはずのない海外の珍品がぎっしりつまっていた。

五兵衛はロシヤ船と密貿易をやったばかりではない。いま、ときどき新聞で領有権をめぐって問題になる朝鮮半島に近い竹島を根じろにして、アメリカ船とも密貿易をやっていたのだ。竹島にも貿易倉庫を建てていたが、情勢がどうやら危険になったので、証拠湮滅のためにあっさり焼き払ってしまった。

どうして危険を感じたかというと、石見国《いわみ》（島根県）の浜田藩が、竹島を基地にしてやっていた密貿易が摘発されたのだ。これを嗅ぎ出したのが、乞食に化けて入りこんでいた幕府の隠密間宮林蔵だった（間宮林蔵という男は相当腕のいいスパイだ。薩摩にも経師屋に化けて潜入している。シーボルト事件にも関係している。シーボルト自身が『日本』の中に書いている。「我らが日本に滞在の終りの不幸なる年月中、日本政府の吟味をうけるようにしたのは、彼間宮林蔵である」と。高島秋帆事件にも一役かっているし、間宮海峡の発見はいいとしても、どうも気味の悪い男だ）。天保七年、間宮林蔵のおかげでひどい目にあった、藩の勘定方で御用回船問屋会津屋八右衛門は死罪。家老二人は責任を負って自殺するし、藩主は転封になった。この事件を知って、銭屋五兵衛は竹島から手をひいたのだ。

薩摩の密貿易基地の一つは口之永良部《くちのえらぶ》島だが、銭屋の船はこの島にもちょいちょい顔を出している。五兵衛がいちばん活躍したのは天保年間だった。『徳川三百年史』によると、銭屋五兵衛は天保三年にアメリカ大陸に漂着したことになっている。このとき五兵衛はすでに六十二歳だ。

天保三年の春、五兵衛は二千三百石積の船に自から十二人の水夫を指揮し、米、麦、大小豆、砂糖、酒、醬油など積んで、彼の根拠基地宮之腰からエトロフに向かった。運わるく五月七日に出羽国前崎の沖で暴風にあい、それから漂流すること四カ月余。生き残ったのは、五兵衛とほかに二人の男だけになった。ようやく助けられたのが、サンフランシスコのすぐ近く。その後アメリカの船で伊豆の下田に送られてきたのが天保三年十一月だった。

これが事実だとすると、その後の竹島でのアメリカ相手の密貿易は、このとき打合わせたものにちがいない。

サンフランシスコ近くで助けられ、日本に帰るとき、五兵衛は他三郎という男をその地の商人のもとにおいてきていた。他三郎はその後アメリカ使節が浦賀にきたとき、そのサンフランシスコの商人といっしょに通訳になって来たということだ。

五兵衛はアメリカから日本へ帰ってきた翌年、天保四年五月には、さっそく二千五百石積の船に、アメリカ人好みの提燈、傘《せんす》、扇子、団扇《うちわ》などを積みこんで商売に行っている。彼の勘のよさも抜群だが、それよりも、まったく傍若無人というか、おどろくべき度胸と行動力である。この調子だから、彼の全国要所においてある各支店の倉庫には、世界中のありとあらゆるものがあったといっていい。もちろん、刀剣武具は輸出禁制品中の禁制品だが、彼はこれを国外に持ち出し、そのかわり、西洋新式の武器銃砲を買いこんできた。これを、正荷《せいに》（長崎で正式の手続きをふんで輸入された品）だとゴマ化してさばいた。

嘉永五（一八五二）年九月、ついに銭屋五兵衛は藩当局に逮捕された。しかし、その理由は抜荷ではなく、河北潟埋立工事の不正ということになっている。河北潟を埋めたて、新田開発を計画し、藩庁の許可をもらって工事をすすめていた。ところが、埋立工事に使った薬品が原因だったらしい。魚がどんどん浮きあがった。それを漁民が金沢市内に売ったところ、食ったものが中毒をおこして、まるで流行病のようになったというのだ。これが埋立工事に反対していた沿岸漁民に口実をあたえ、ひいては工事の不正もあばかれるということになった。

ところが、じっさいは、それは表向きのことで、藩当局が銭屋五兵衛をつかって密貿易をやっていたことが、幕府に知れそうになったので、あわてて彼を捕まえたというのが真相だ。

五兵衛は逮捕された年の十一月に牢死してしまった。老人だったから、拷問でわりに早く体がまいったのだろう。家族、番頭、手代まで数十人が五兵衛と同時にとらえられ、取調べののち、長男、二男は永牢、三男はハリツケ、手代一人はハリツケのうえサラシ首という厳刑を受けた。どう考えても、埋立工事の不正事件としては刑が重すぎる。

事は江戸の大火にはじまる。嘉永四年に西丸がまた焼けてしまったので、幕府は再建のため諸国へ用材の献上を命じた。会津藩にも命令が来たので、役人が見回ってみると、莫大な山林が加賀藩の御用商人銭屋五兵衛に買い付けられていたので仰天した。さっそく会津藩は加賀藩に抗議におよんだ。それがきっかけになって、加賀藩にとって都合の悪いことがいろいろと明かるみに出そうになった。

五兵衛は家老の奥村栄実と相談ずくで、御用商人になって、商売に藩名をつかったり、自分の持船に加賀藩御用の船印をつけたり、いろいろと利用悪用している。そのうえ、密貿易には目をつむってもらって、かわりに莫大な御用金をおさめていたわけだ。これが露見したら、加賀百万石、お家は一大事である。浜田藩の二の舞になりかねない。そこで、幕府の取調べのまえに、五兵衛一統を片づけてしまえということになったのだ。ついでに、五兵衛と組んでうまい汁を吸っていたというので、藩士十一人も切腹させて、もみ消してしまった。もちろん、銭屋五兵衛の財産はいっさい藩が没収してしまった。こころみに、彼の財産の一部（ほんの一部である）を挙げてみよう。

一　大判金九十九枚入三十箱

一　小判金二千六百六十六枚
一　古金三万六千六百両
一　二分金五千三百三十両
一　二朱金十六万五千三百二十両
一　小玉銀一斛《こく》二斗、但二千百八十三貫目
　このあと、まだまだ沢山あるが、ここまで書いただけでも、ひところの幕府の手持金より多いくらいだ。田地の現有高は、加賀、能登、越中の三カ国で田畑八万五千三百石だから、大名なみである。船舶現有高は、
一　二千五百石積　四艘
一　千四百石積　六艘
一　千石積　八艘
　そのほかに二百二十艘もあった。しかも、あちこちの支店の分ははいっていないのだ。財産目録をつくりにいった役人も、あまりの品物の莫大さに肝をつぶしている。とても一々書ききれないというので、何倉何十棟などと書くよりない始末になったが、それでも、書きあげるのに数日かかったのである。おもしろいのは、アメリカ渡りの密貿易品だ。役人たちが見たこともない品物だから、名前がわからないので書きようがなかったという。

「又五兵衛の平生住居したる部屋には、異形なる時辰器を飾り、十畳一枚に縫目もなく、美麗《うつく》しき模様を染出したる毛織の敷物を敷き、其他横文字を記したる物種々なれども、文字か模様

か疑ふ程なれば、元《も》とより読む事も叶はず。是を見て出張《でばり》の吏員は、五兵衛が今日までの挙動を想ひ、皆其不思議と且つは其富豪とに驚き、肝を消したりとなん」(『徳川三百年史』)

利用するだけして、加賀藩は銭屋五兵衛を殺してしまい、その莫大な財産を押収したのである。これが封建支配者の常套手段だ。しかし、私は、なにも、密貿易者の投機的な生涯を書きたかったのではない。これこそ、抑圧された人民の生活の衝動である。幕藩体制をゆさぶる開国は人民みずからの手ですでに江戸中期からなされつつあったと見ることができるのだ。私は豪華絢爛たる毛織のジュウタンを眺めて立竦んでいる藩士を想像するとき、すでに没落してしまった封建支配階級と、潑剌と盛りあがってくる町人層の力を象徴的に見るような気がする。

五兵衛が死んだ翌嘉永六年、黒船の砲声一発が長い鎖国の夢を破った。封建幕藩体制という大廈が、黒船の空砲の爆風だけで揺らいだというのも、その土台がすでに白蟻たちによって食い破られていたからだ。銭屋五兵衛は一介の密貿易者であった。いわば海からきた白蟻だ。陸には農民あるいは庶民と呼ばれる白蟻たちが、うごめいていたのだが、たまたま黒船の砲声におどろいて、それまで眠っていたものまでいっせいに走りはじめた。

やがて倒幕の声が湧きおこるだろう。封建から資本主義へ、明治維新を達成した力は、下級士族の「革新」勢力が主体ではない。彼らは盛りあがる庶民の力におぶさって変革を達成したにすぎない。

新時代をつくる力は、虐げられてきた人々の中から常に生まれる。そして、いまも、生まれつつあるのだ。

あとがき

私が受持った幕末期は、いろいろな意味で、日本の歴史のなかで、もっとも多彩な時代だ。八代将軍吉宗の享保年間から江戸幕府崩壊の慶応年間までの約百五十年間は、上代や中世の百五十年とは比較にならないほど多事多端だし、ある意味では、きわめて絢爛としている。なんといっても身近かだし、魅力的な時代でもある。史料も豊富だし研究もすすんでいる。

まったく条件がそろいすぎている。それだけに、この時代を満遍なく書こうとしたら、とても一冊や二冊におさまるものではない。あまりに書きたいことが多すぎる。限られた紙数におさめるために、話をはぶくことに私は私なりに骨折った。あれもこれも涙をのんで割愛したというのは大袈裟な言い方ではない。

たとえば、間宮林蔵だ。私たちは彼が間宮海峡の発見者として、シーボルトからも高く評価されていることは知っている。だが、彼が幕府の隠密として、日本の近代化にどのようなマイナスの役割をしたかということは、あまり知られていない。それは戦前の教科書的歴史教育をうけた年配の人には、ある種のイメージをこわされてあまり愉快な話ではないかもしれないけれども、真実は語らなければならない。また、オランダ商館医員として文政六年に来日したドイツ人シーボルトが、日本の近代化にはたした精神的また技術的役割は大きい。その彼がスパイ容疑で長崎から追放されるいきさつは、隠密間宮林蔵もからんで、私としてはきわめて興味ぶかく、ぜひ書きたかったのだが、ついに紙数の関係ではたせなかった。たいへん心残りだ。

歴史は一人の英雄、天才、あるいは狂人によってつくられるものではない。ときとして、それが時代の象徴としてあらわれることはあるけれども——。歴史の流れの底深いところには重い底流がある。一口にいえば、それは隠れた庶民の力だ。それを私は書きたいとおもった。もちろん、史上有名な人物や事件を、この本の性格のうえから、落としてはならないことを知っている。そこで私は、隠れた農民や庶民の息吹をバックグラウンドで流すことにしたつもりだ。そして最後に、幕府崩壊がどこから見ても必至だというところへ焦点をしぼってゆくことにした。そのへんを読みとっていただけたら幸せにおもう。政治的、軍事的な幕末のいわゆる「大動乱」は、こののちにはじまるが、それはここに書いた時代の集約だといえる。そこにいたるだいたいの趨勢はつかんでいただけるだろう。

とにかく、書きたいこと、書かなければならないことが多すぎる時代だ。もっと文化史的な事件や人物も登場させたかったし、世界史との関連においても見てゆきたかったのだが、あまり欲ばりすぎると、いつまでたっても幕末がこないおそれがあるので、目をつむって走り抜けたことをご諒承ねがいたい。

これを書くにあたって、松島栄一氏、高橋磌一氏に多くの有益なご教示を得たが、独り合点や誤解がなかったかと恐れている。もしそんなことがあったら、両氏にはもちろん、読者にたいして深くお詫びしなければならない。

＊本書は、〈現代人の日本史・第17巻〉『幕末の動乱』（河出書房新社、61・5）を底本とする。著者物故のため、表記等はそのままとした。

松本清張
（まつもと・せいちょう）

1909年、福岡県小倉生まれ。作家。
1953年、「或る『小倉日記』伝」で芥川賞受賞。『点と線』『ゼロの焦点』などで社会派推理小説の旗頭となり、『日本の黒い霧』などで社会派ノンフィクションを開拓した。歴史・古代史関係の著書には、『信玄軍記』『徳川家康』『軍師の境遇』『私説・日本合戦譚』『佐渡流人考』『無宿人別帳』『西海道談綺』『古代史疑』『遊古疑考』などがある。1992年逝去。

幕末の動乱

二〇〇七年一一月二〇日　初版印刷
二〇〇七年一一月三〇日　初版発行
著　者――松本清張
発行者――若森繁男
発行所――株式会社河出書房新社
東京都渋谷区千駄ヶ谷二―三二―二
電　話――〇三―三四〇四―一二〇一［営業］
〇三―三四〇四―八六一一［編集］
http://www.kawade.co.jp/
印　刷――中央精版印刷株式会社
製　本――小泉製本株式会社

ISBN978-4-309-22472-5
Printed in Japan